KB148719

공공디자인 시대

BOOK
JOURNALISM

공공디자인 시대

발행일 ; 제1판 제1쇄 2023년 3월 27일
지은이 ; 김주연 발행인·편집인 ; 이연대
CCO ; 신아람 에디터 ; 이다혜
디자인 ; 권순문 지원 ; 유지혜 고문 ; 손현우
펴낸곳 ; ㈜스리체어스 _ 서울시 중구 한강대로 416 13층
전화 ; 02 396 6266 팩스 ; 070 8627 6266
이메일 ; hello@bookjournalism.com
홈페이지 ; www.bookjournalism.com
출판등록 ; 2014년 6월 25일 제300 2014 81호
ISBN ; 979 11 92572 77 2 03300

북저널리즘은 환경 피해를 줄이기 위해
폐지를 배합해 만든 재생 용지 그린라이트를 사용합니다.

BOOK
JOURNALISM

공공디자인 시대

김주연

; 좋은 도시란 무엇일까? 멋진 조형물, 최첨단 기술이 있는 곳도 좋지만 결국 그곳에 사는 시민이 행복한 도시만큼 좋은 도시는 없을 것이다. 보기 좋은 디자인만으로는 이룰 수 없는 목표다. 우리에겐 일상을 질문하고 문제를 해결하는 디자인이 필요하다. 물건이 아닌 가치를 사고파는 시대에서, 디자인의 최종 역할을 고민한다.

—————————————————————— 차례

09   프롤로그 ; '공공'이라는 편견

19   1_ 삶을 바꾸는 디자인
        퍼블릭 정신의 탄생
        차원이 다른 공간 경험
        유연한 제도, 유연한 실험

33   2_ 제도 침술 ; 낡은 디자인에 질문하기
        습관을 바꾸는 디자인
        만남이 있는 도시
        다수를 위한 다수의 공간
        공원을 허하라

51　　**3 _ ESG 침술 ; 행동하는 브랜드가 살아남는다**

지속 가능성에서 답을 찾다

문제를 정의하고 해결하는 과정

브랜드, 거버넌스를 만들다

75　　**4 _ 시민 침술 ; 누구보다 디테일한 도시 전문가**

당사자의 힘

솔루션을 디자인하다

아이들이 바라본 도시

87　　**5 _ 배려 침술 ; 모든 디자인의 원점은 배려다**

머물 수 있는 거리

아이코닉 쉼터

땅을 디자인하다

101　　**6 _ 방지 침술 ; 예방하는 도시는 남다르다**

산책을 부르는 골목길

빈민촌에서 커뮤니티로

서브컬처를 투어리즘으로

도로를 마당처럼 쓰는 법

115　　**7 _ 재생 침술 ; 적응하고 재사용하라**

시민이 만든 풍경

고전에 감각을 더하다

유산의 새활용

시대에 어울리는 존재감

131　　**8 _ 정서 침술 ; 도시에 애정이 깃들 때**

아이덴티티 디자인

퍼포먼스 건축
기능에 미감을 더하다

145   **에필로그 ; 욕망의 공공성을 향해**

153   **주**

161   **북저널리즘 인사이드 ; 좋은 도시의 조건**

프롤로그 '공공'이라는 편견

2020년 5월, 코로나19가 한창일 때 뉴욕 브루클린에 근무하던 한 공무원은 도미노 공원Domino Park 잔디밭에 지름 2.4미터의 흰색 동그라미 30개를 그렸다. 당시 미국 질병통제예방센터가 권고한 사람 간 1.8미터 거리를 지켜 그려졌고, 시민들은 이 동그라미 속에서 혼자, 연인, 그리고 가족끼리 자유로울 수 있었다. 원 안에서만큼은 타인과의 거리를 지켜야 한다는 걱정이나 불안 없이 편안하게 코로나19 이전과 같은 일상을 누릴 수 있었기 때문이다. 수동적인 규제가 전혀 느껴지지 않으면서 나와 타인을 보호해 주는 원이었으며, 이 장면을 본 사람들은 너도나도 그 원 안에서 피크닉을 즐기는 사람이 되고 싶어 했다. 만약 디자인 분야에도 노벨상이 있었다면 노벨상이 아깝지 않을 디자인이었으며, 이 거리 두기 아이디어는 샌프란시스코 돌로레스파크, 체코 프라하광장 등 세계 각지로 퍼졌다. 이처럼 사회 문제에 디자인적 관점으로 접근할 때, 그 디자인은 문제를 해결할 뿐만 아니라 그곳에 사는 사람들에게는 행복과 자랑스러움을 선사한다. 바로 이 책에서 말하고자 하는 '공공디자인'이다.

　　놀랍게도 공공디자인public design이라는 용어는 대한민국에서 태동했다. 선진국의 경우 공공디자인이란 용어가 따로 필요 없었다. 선진 도시는 처음 도시가 만들어지는 과정에서부터 건축가나 디자이너가 필요에 따라 개입하고, 따라서 공공시설물들의 역사가 도시만큼이나 깊기 때문이다. 그러나 우리나라를 포함해 산업화가 급격히 진행된 아시아의 여러 국가들은 달랐다. 도시의 급격한 팽창으로 새롭게 요구되는 도심 기반 시설물들은 선진국을 따라 적절히 기능하도록 경제성에 입각해 제작, 설치됐다. 결과적으로 아시아의 도심 시설물들은 대체로 필요한 기능을 수행하고 있으나 서로 비슷한 회색빛의 개성 없는 도시 경관을 낳았다. 혹시 도시가 개성과 경쟁력을 갖추는 데 공공시설물들이 기여할 수 있지 않을까? 이런 문제의식에서 공공디자인이라는 단어가 탄생했다.

우리나라는 전쟁이라는 매우 특수한 상황을 겪으며 전 세계에 유례없이 빠르게 발전을 이뤘다. 당장 먹고살기 위해 정부 주도로 사회 곳곳의 효율성을 높여 왔고, 시민들이 동참해 경제적 가치 중심 국가를 만들었다. 1970년 새마을 운동은 단순히 물리적인 환경을 개선하는 운동이 아니었다. 사람들이 자립적인 경제 활동을 할 수 있는 문화와 기반을 만드는 운동이었다. 거기에는 사람들이 함께 '잘살아 보자'는 목표를 공유한 공동체 의식이 있었고, 우리가 사는 세상을 바꾸고자 하는 무브먼트movement가 사회에 미치는 영향이 얼마나 큰지를 보여 주는 계기가 됐다. 이후 우리나라는 가파른 성장을 거치며 국가적 위상이 높아졌고 1986년 아시안 게임, 1988년 올림픽 게임을 서울과 일부 수도권에서 개최하게 됐다. 전쟁

후 달라진 대한민국의 모습을 국제 사회에 처음 보인 것이다.

그런데 보여 주기에 창피한 모습들도 많이 있었다. 정부는 국제 사회의 시각에서 부족해 보이는 도시의 모습을 개선하고자 서울 등의 도시에서 대대적인 정비 사업을 펼쳤다. 특히 시내의 비포장도로를 인적 및 물류 이동이 편리하도록 정비했다. 김포 공항에서 올림픽 주경기장까지 이어지는 도로를 개선한 올림픽 대로도 이때 만들어졌다. 이후 2002년 월드컵 개최를 준비하며, 한국은 또 한 차례 도시를 정비하게 됐다. 이때 공공시설물들은 안전이나 사용성의 차원뿐 아니라 심미적 차원에서 고려됐다. 눈으로 보는 도시 환경의 디자인이 중요하다는 걸 인식하며 디자인 전문가들에게 다양한 역할이 주어졌다. 효율 중심에서 아름다움과 쾌적함을 중심으로 도시를 바라보는 사고의 전환이 시작된 것이다.

안타깝게도 공공디자인은 그 이후로 한동안 빛을 발하지 못했다. 지난 2006년 서울시는 오세훈 시장 취임 이후 "21세기는 모든 것이 디자인 시대"라 규정하고 공공디자인 사업들을 대대적으로 수행했다. 그러나 공공디자인의 목표와 방향성을 명확하게 수립하지 못한 채 시민들에게 보여 줄 전시성 사업들을 주로 시행했고, 그 결과 사업을 오래 지속하기 어려웠다. 공공디자인을 아직은 이미지 소비의 대상으로만 바라보던 시대였기 때문이다.

그렇기에 공공디자인의 시작에 앞서 가장 중요한 것은 '무엇을, 왜 할 것인가?'라는 질문이다. 2016년 8월 시행된 공공디자인의 진흥에 관한 법률은 바로 이 관점을 명확히 한다.

"제1조(목적) 이 법은 공공디자인의 문화적 공공성과 심미성 향상에 필요한 사항을 정함으로써 국가 및 지역 정체성과 품격을 제고하고 국민의 문화향유권을 증대하는 데 이바지함을 목적으로 한다."

사회 구성원 모두의 행복과 문화적 삶을 지향한다는 의식하에 공공재의 기획부터 실행과 설치, 관리에 이르기까지 총체적 프로세스의 중요성을 강조한다. 처음 그 개념이 태동한 대한민국에서 공공디자인이 자랑스러운 도시를 만드는 데 기여한다면, 한국과 유사한 아시아의 다른 국가들에서도 공공디자인은 같은 역할을 할 수 있을 것이다.

공공디자인은 '보이는 부분'과 '보이지 않는 부분'으로 나눌 수 있다. 보이는 부분은 도시에서 시민이 접하는 가로등, 벤치, 보도, 간판, 공공 건축물 등 물리적 시설들이다. 그렇다면 보이지 않는 부분은 무엇일까? 보이는 부분이 만들어 낼 가치를 포함해, 사람의 행동을 변화시키고 지속 가능한 사회를 만드는 가치들이다. "현대적 의미의 '디자인'은 우리의 생각과 행동의 변화를 이끌어내는 모든 행동을 일컫는다."[1] 이런 의미에서 공공디자인은 '보이는 부분'을 넘어 '보이지 않는 부분'에서 사회를 혁신하고 미래 세대를 위한 도시의 가치를 만든다.

특히나 이런 공공디자인의 가능성은 전 세계적으로 기업 경영 ESG[2]가 대두되며 새롭게 주목받고 있다. 이제는 재무적 성과뿐 아니라 사회에 좋은 영향을 끼치는지에 대한 비재무적인 성과가 기업 경영에 중요한 요소가 됐다. 기업의 친환경Environmental, 사회적 책임Social, 협치Governance가 얼마나 건전하고 투명하게 운영되는지 평가해 연기금 등의 투자자들은 기업의 지속 가능성을 판단하고 투자를 결정하게 됐다. 코로나19와 기후 재난 등 인류의 종말을 예고하는 듯한 지구의 현상들을 개인은 물론 정부나 국제 기구의 힘만으로는 해결할 수 없다는 위기의식이 생기고 있다. 이러한 와중, ESG 경영은 공공디자인과 맞물려 브랜드 액티비즘이라는 중요한 형태로도 발전하고 있다.

한국 사람들은 어떤 사업이나 프로젝트에 '공공'이라는 단어가 들어가면 관심을 갖지 않는다. 공공의 일원이지만 딱히 소속감을 느끼지도 못한다. 오직 나와 관련된 특별한 것이 아니기 때문이다. 그러니 공공디자인에도 관심을 갖지 않는다. 용어 자체도 생소할 뿐더러 그저 정부나 지자체가 필요에 의해 하는 사업에 '디자인'이란 말을 붙이면 좀 더 세련돼 보이니 '공공디자인'이란 말을 만든 것이라고 생각할지 모른다. 그러나 우리의 인식과는 달리 대한민국의 공공디자인은 최근 몇 년간 크게 발전해 왔으며 이 시장을 선도하고 있다. 지하철과 버스를 하나의 승차권으로 여행할 수 있는 나라는 흔치 않으며, 버스 정류장의 안내 단말기는 각각의 버스가 몇 분 뒤 도착하는지, '곧 도착'하는 버스는 몇 번인지 알려 줄 정도로 친절하고 똑똑하다. 자동차를 타고 지방을 여행하다 보면 새롭게 건설된 도로 수준 또한 만만치 않다. 혹시라도 운전자가 길고 단조로운 터널 속에서 무심코 졸음운전을 할까 호루라기 소리, 사이렌 소리를 삽입해 뒀으며 고속도로 갈림길에서는 길을 놓치지 않도록 차도에 분홍색, 녹색의 유도선까지 그려두었다. 이처럼 한국의 공공디자인은 고도로 발전해 왔으며 이제는 기능성과 효율성, 심미성을 넘어 사람의 행태에까지 관심을 갖고 서비스 디자인을 접목해 성장하고 있다.

예능 프로그램 〈어서와 한국은 처음이지?〉에 출연한 외국인들이 보는 대한민국은 우리가 생각하는 대한민국과는 사뭇 달라 보인다. 그들에게 대한민국은 어디든 거리가 잘 정비돼 있고, 일상 속 사소한 영역까지 기술이 침투해 있는 IT 선진국이다. 이처럼 제삼자의 시각에서 볼 때면 새삼 한국이 다른 선진국에 비해 뒤처지지 않는 나라가 됐으며, 이제는 편의를 넘어 프라이드를 심어 주는 도시 환경을 만들어가고 있음을 느낀다.

이 책에선 '공공'이라는 가치와 더불어 일곱 가지 침술 개념으로 도시 문제들을 풀어가는 공공디자인을 살피고자 한다. 낡은 제도를 개선하거나 도시의 사고를 미연에 방지하고, 시민들에게 예술적 감응을 선사하는 등 더 나은 도시를 만들기 위한 일종의 테라피로서 기능한다는 의미에서 '침술'이라 칭했다. 일본의 대표적 디자이너 하라 켄야는 "지금은 물건이 아니라 가치를 만들어 가는 시대"라고 했다. 오늘날 한국은 공공디자인을 통해 도시의 감각을 매만지고, 국가의 가치를 브랜딩하고 있다. 이젠 '공공'이라는 편견 너머 우리가 살아갈 도시의 모습을 함께 고민할 때다. 머물고 싶은 도시의 주인공은 결국, 시민이기 때문이다.

〈'공공디자인'의 정의〉

• 공공디자인은 보다 더 나은 사회로 만들기 위한 합의의 과정과 노력이다.

• 공공디자인은 시민과 함께 지속 가능한 사회를 만들며 공공의 가치를 창출하는 것이다.

• 공공디자인은 공공의 정책과 서비스, 사회적 합의, 의제 도출과 과정 전반에 디자인을 적용해 개인의 삶의 질과 사회

문화적 가치를 향상시키는 움직임이다.

• 공공디자인은 지속 가능한 사회로 나아가기 위한 긍정적 변화를 일으켜 공공의 가치 창출과 의미를 생산하는 과정이다.

• 공공디자인은 경제적, 사회적, 문화적, 환경적 가치를 창출하는 계획과 활동의 총체이다.

홍익대학교 공공디자인학과, 2021.

삶을 바꾸는 디자인

퍼블릭 정신의 탄생

언젠가부터 '퍼블릭(public·공공)'이란 단어엔 평범한 것, 세련되지 못한 것이라는 꼬리표가 붙었다. 퍼블릭 서비스public service는 누구에게나 돌아가는 평범한 혜택처럼 인식되고, 퍼블릭 스쿨public school에 비해 프라이빗 스쿨 private school은 특별하고 양질의 교육을 제공하는 것처럼 비친다. 자연스럽게 '프라이빗'은 선망의 단어가 됐고 '퍼블릭'은 특색 없는 것이라는 인상이 자리 잡았다.

그러나 퍼블릭이란 단어 이면엔 훨씬 큰 가치가 담겨 있다. 전 세계 사람들에게 사랑받던 엘리자베스 2세가 2022년 9월 8일 서거했을 때, 찰스 3세 영국 국왕은 장례식 날 군복을 입었다. 이는 세기의 결혼식이었던 1981년 찰스 왕세자와 다이애나비의 결혼식을 떠올리게 한다. 당시에도 찰스 왕세자는 군복을 입고 있었다. 영국 왕자들은 왜 이러한 국가적 행사에서 으레 군복을 입을까?《집의 탄생》의 저자 김민식은 영국에서 퍼블릭이란 단어가 담고 있는 정신을 이렇게 말한다. "퍼블릭은 일반 대중, 보통을 일컫는 뜻이나 공공과 관련된 일이니 무엇보다 소중한 가치와 명예를 내포한다는 것을 알지 못했다. 공공, 공중이나 공무, 국가의 일이 퍼블릭이다. 개인의 이익과 관련되지 않은 공공의 일이니 당연히 더 큰 명예와 칭송은 퍼블릭의 몫이다. (…) 영국 왕실 왕자들의 결혼식 예복은 항상 해군 제복이다. 국가를 위한 공공과 관련된 일에 대한 가치를 황실의 의전에서 선언하는 것이다. 이튼 칼리지Eton College는 세계의 명문이며 사립 학교로 소개되고 있지만 15세기 이래 영국의 공식적인 퍼블릭 스쿨이다. 런던 첼시의 집에서 배운 영국 '퍼블릭의 정신'은 내 세계관을 흔든 큰 사건이었다." 이와 같이, 퍼블릭은 "국가 또는 국가의 모든 사람 또는 전체 영역의, 관련되거나 영향을 미치는" 목적의식의 무게감을 지닌다.[3]

공공디자인에도 이러한 퍼블릭 정신은 유효하다. '공공公共' 디자인에서 공평할 공公은 '퍼블릭public'으로 도시의 공공재와 시설을, 한 가지 공共은 '커먼스commons'로 공동체가 공유하는 목적을 뜻한다. 공원을 예로 들자면 사람들이 걷거나 쉬고 싶어 하는 것이 커먼스에 해당하고, 그것을 지원하는 산책로, 조경, 벤치 등이 퍼블릭이다. 여기서 경중을 따지자면 퍼블릭보다 주목할 것은 커먼스, 즉 공동체의 목적이다. 영어로 'public design'이라 불리는 공공디자인은 단순히 시설물로서의 의미를 넘어 시민들의 행복한 삶을 위한다는 공동체의 목적을 의미한다.

퍼블릭public이란 단어의 사전적 의미를 통해서도 공공디자인에서 말하는 공공의 영역을 살펴볼 수 있다. 웹스터 사전에 영단어 'public'을 검색하면 '정부의', '정부와 관련된',

'대중과 관련된' 등 다양한 정의가 나온다. 그중에서 '국가 또는 국가의 모든 사람 또는 전체 영역의, 관련되거나 영향을 미치는of, relating to, or affecting all the people or the whole area of a nation or state'이라는 정의가 이 책에서 다룰 공공디자인 개념과 가장 부합할 것이다.

그러다 보니 공공디자인은 하나의 전문 분야로 한정시키기 어렵다. 도시 계획, 건축, 공간, 제품, 조명 디자인, 가구 디자인, 시각 디자인, 정보 디자인, 서비스 디자인 등 수많은 분야들이 공공디자인과 직간접적인 관련이 있기 때문이다. 해당 분야 속에서 혹은 다학제적으로 공공의 목적에 부합하는 무언가를 실행한다면 이는 모두 공공디자인이다. 오창섭은 공공디자인을 "일상에서 공공성을 실현하는 가치 중심의 디자인 실천으로서 (…) 훼손되고 있는 사회적 가치, 생태적 가치, 문화적 가치, 역사적 가치들을 회복하려는 실천적 디자인 활동"으로 칭한다.[4] 공공디자인은 모두를 위한 보편적 복지로서 특정 전문 분야라기보다는 실천 목표이자 지향성이고, 결과적으로 국가의 정체성을 다루는 문화에 이르기까지 포괄적이고 복합적인 의미로 확장될 수밖에 없다.

차원이 다른 공간 경험

코로나19 이후 공공 공간은 어떻게 변했을까? 덴마크의 건축

가이자 도시 설계 전문가인 얀 겔Jan Gehl은 공공디자인을 통해
삶의 질을 높이는 도시 공간을 조성해 왔다. 그는 최근 자신의
연구소 겔인스티튜트Gehl Institute와 코펜하겐 지방 자치 단체의
협력으로 〈Public Spaces & Public Life during COVID-19〉라
는 연구 결과를 발표했다. 네 개의 덴마크 도시에 80명이 넘
는 현장 조사 연구원을 투입해 폐쇄 그리고 재개방이라는 두
단계에 걸쳐 공공 공간이 코로나19라는 큰 변수에 어떻게 대
응하고 변화하는지를 관찰한 것이다. 연구 결과 첫째, 거리 두
기 기간 동안 사람들은 한 장소에서 오랜 시간을 보내는 경향
이 있었으나 리오프닝 기간에는 다양한 공간을 찾고 활용했
다. 둘째, 코로나19 이후엔 놀이와 운동 중 운동에 더 많은 시
간을 쓰고 있었다. 특히 산책을 하고 자전거를 타는 시간이 늘
었다. 결과적으로 코로나19 이후 사람들은 인구가 집중되지
않는 다양한 공간을 찾고 있으며 운동에 대한 관심이 특히 높
아졌다.

그러나 기존 도심 공간에서 사람들을 분산할 만한 공간
을 새로이 마련하는 것이 현실적으로 어렵다는 문제가 있다.
이를 해결해 나가고자 네덜란드 로테르담Rotterdam시는 하나의
흥미로운 축제를 실험했다. 바로 루프탑워크Rooftop Walk라는
공유 옥상 축제다.

로테르담시 대부분은 제2차 세계 대전 이후 파괴됐고

그로 인해 많은 현대식 건축물이 건설됐다. 지붕이 평평하다는 것은 현대 건축의 한 가지 특징으로, 넓은 옥상 공간들이 상당수 생겨났으나 거의 활용되지 않은 채 빈 공간으로 방치됐다. 이에 로테르담시 당국은 2018년부터 지붕 및 옥상의 가치를 재발견하는 루프탑워크를 열었다. 루프탑워크는 로테르담 루프탑데이즈Rotterdamse Dakendagen라는 옥상 네트워크가 주최하는 '루프탑데이Rooftop Days'의 한 프로그램으로, 건물 사이에 29.5미터의 임시 인도교를 설치해 옥상들을 연결해 사람들이 유휴 공간을 오가며 활용할 수 있도록 했다. 이로써 18.5제곱킬로미터, 약 5600평에 이르는 옥상 공간들이 임시로나마 도심의 새로운 공공 공간으로 떠올랐다.

임시 인도교의 설계는 서울역 앞 '서울로7017' 공중정원을 디자인한 네덜란드 건축소 MVRDV가 맡았다. 바닥은 네덜란드 상징인 오렌지색으로 덮였으며 전체 길이는 600미터에 이른다. 지상 30미터 높이의 옥상에서 대중들은 평상시 경험하기 어려운 환상적인 도시 전망을 즐길 수 있었다. 임시적이고 참여적인 공공디자인 프로젝트가 도시의 틈새 공간을 얼마나 건강하고 포용적인 공간으로 확장시킬 수 있는지를 보여 줬다. 뿐만 아니라 대외적으로도 로테르담은 창의적이고 매력적인 도시로서의 경쟁력을 전 세계에 각인했다. 이 루프탑워크는 지난 2022년 5월 26일부터 6월 26일까지 약 한

달간 진행됐는데, 무려 20만 명의 시민 및 방문객들이 티켓을 구매하고 공중 보행로를 경험했다.

　　루프탑 산책은 새로운 공간 경험을 선사한다는 점에서도 공공의 의미가 크다. 넷플릭스 다큐멘터리 〈익스플레인: 뇌를 해설하다The Mind, Explained〉에서 잘 설명되었듯, 뇌의 해마체는 다양한 공간적 경험을 통해 새로운 뇌세포를 생성한다. 일례로 영국 런던에서 택시 운전사가 되려면 도로 지명과 위치를 모두 외워야 하는데 미로처럼 복잡한 런던의 도로를 모두 꿰뚫고 있기란 쉽지 않다. 직접 그 장소에 한 번은 가 봐야 겨우 외울 수 있고, 따라서 기사가 면허 시험을 통과하는 데는 통상 2년 정도 걸린다. 여기서 〈익스플레인〉 제작팀은 택시 기사 지원자들의 해마체를 두고 시험 전 크기와 시험 후 크기를 비교했다. 놀랍게도 불합격자는 그 크기 변화가 없었던 반면, 합격자는 해마체 크기가 확연히 커진 것을 확인할 수 있었다. 면허 시험을 준비하는 2년 동안 런던을 바쁘게 돌아다닌 결과 해마체가 커질 정도로 새로운 공간 경험을 통해 뇌세포들이 자연스럽게 많이 생성된 것이다. 루프탑워크 또한 차원이 다른 공간 경험을 선사함으로써 시민의 뇌를 활성화하고 건강에 기여할 수 있다.

　　또 루프탑워크는 지속 가능한 도시라는 의제에 세계적 관심을 불러 모으는 계기가 됐다. 디자이너와 건축가들이 옥

루프탑워크 ⓒOssip van Duivenbode

상 전시에 참여해 지붕에 빗물 저장, 식량 및 에너지 생산의
기능을 도입한 것이다. 도시의 녹지율을 올리고 열섬 효과를
줄이는 옥상 공원, 꽃 모양의 풍력 발전기, 태양광 패널을 통
한 친환경 에너지 허브, 도시 항공 교통 시대에 대비한 드론
착륙장 등 옥상의 다양한 활용도를 제시했다. 로테르담은 전
세계적으로 오직 2퍼센트만 활용되고 있다는 도심의 옥상이
환경, 에너지, 기후 문제와 공공 공간 부족에 대응할 잠재력이
있음을 보여 줬다.

유연한 제도, 유연한 실험

도시 발전을 위해 새로운 공간과 시설을 만들기도 하지만, 코로나19와 같이 사회적 환경이 급변하는 상황에서 새로운 공간을 마련하는 데엔 한계가 있을 수밖에 없다. 여기에, 로테르담 루프탑데이와 같이 기존 공간을 활용하는 실험을 통해 전체 도시를 활성화하는 대안을 생각해 볼 수 있다. 이때 필요한 것은 기旣 건설된 도시 공간의 여러 가능성과 수요를 살피는 동시에, 법적 규제를 유연하게 조정하는 행정적 의지와 조치다.

루프탑데이와 같은 임시적 공간 실험을 택티컬 어바니즘Tactical Urbanism이라 한다. 택티컬 어바니즘이란 간단하고 임시적인 방식으로 도시 실험을 해보고, 효과가 검증되면 관련 이해 당사자들과의 거버넌스를 통해 도시를 조금씩 바꾸어 나가는 실천적 도시 설계 이론이다. 게릴라 어바니즘guerrilla urbanism, 팝업 어바니즘pop-up urbanism, DIY 어바니즘D.I.Y. urbanism, 또는 도시 수선city repair이라고도 불린다.

기존의 도시 계획이 탑다운top-down 방식의 대규모 예산을 투입한 대규모 하드웨어 구축이라면, 택티컬 어바니즘은 버텀업bottom-up 방식의 소프트한 부분적 개선이라고 할 수 있다. 이해 당사자들이 참여하는 일시적이고 규모가 작은 프로젝트들을 통해, 시민들이 원하는 게 무엇인지를 알아내고 솔루션을 디자인하고 그것이 좋은 솔루션인지 실험으로 확인해 보는 것이다. 이러한 과정을 통해 도시를 중·장기적으로 업데이트할 방안도 모색할 수 있게 된다.

브라질 쿠리치바Curitiba[5] 시장을 세 번, 파라나 주지사를 두 번이나 역임하면서 쿠리치바를 '꿈의 생태 도시'로 만든 자이메 레르네르Jaime Lerner는 택티컬 어바니즘을 쉽게 '도시 침술Urban Acupuncture'이라 표현한다. 도시 침술이란 용어는 본래 카탈루냐Catalonia 건축가 마누엘 데 솔라 모랄레스 이 루비오Manuel de Solà-Morales i Rubió가 만들었으나 레르네르가 2014년 출간한《도시 침술Urban Acupuncture》이란 책을 통해 더 유명해졌다. 건축가 출신 레르네르 시장은 건축가 시절 엄청난 예산을 투입한 대규모 도시 계획이 아닌, 작은 변화로도 도시를 활기찬 공간으로 바꿀 수 있음을 경험했다. 그는 다음과 같이 말한다. "도시 침술이란 어두운 골목을 밝히는 가로등, 특별한 기억을 담은 공원 벤치 같은 작은 요소를 통해 도시 생활을 바람직한 방향으로 이끄는 '최소한의 개입'을 뜻한다. 나는 항상 도시의 아픈 부위에 침을 한 대 놓아 낫게 하겠다는 꿈과 희망을 키워 왔다."[6] 그는 정부와 지자체, 주민 간 갈등을 조율하고 정책 반대자들의 마음을 돌리며 도시 침술을 통해 '시민 모두가 한마음이 되는 활기찬 도시'라는 비전을 쿠리치바에 실현했다.

도시 침술의 장점은 더 가볍고, 더 빠르고, 더 저렴하다는 것이다. 쿠리치바에서 레르네르 시장은 문을 닫고 방치된 채석장에 오페라 데 아라메 극장Ópera de Arame을 단 두 달 만에 지어 시민들에게 개방했다. 오페라 하우스 같은 공공 건축은 부지 마련에서부터 설계 공모, 시공에 이르기까지 막대한 자금과 기간이 소요된다. 레르네르 시장은 공공 사업에 있어 속도가 중요하다고 생각했다. 속도는 시민들에게 신뢰감을 주기 때문이다. 그는 빠른 건축을 위해 한 가지 건축 재료만을 택했다. 공사 현장에서 일반적으로 가설재로 사용하는 지름 48.6밀리미터의 강관이다. 그는 이 강관을 다양한 방법으로 조합해 구조, 외피, 간판, 난간까지 만들어 새장 모양의 극장을 만들었다. 멀리서 보면 이 강관이 철사처럼 보여서 아라메(포르투갈어 'Arame'는 영어로 'wire'를 뜻한다)라는 이름을 붙였다. 파이프와 유리로 75일 만에 완성된 2400평 규모의 오페라 하우스는 공사 기간, 비용, 구조, 아름다움 모든 면에서 사람들의 경탄을 일으켰다.

또한 쿠리치바는 브라질에서 최초로 거리의 자동차 전용 도로를 보행자 전용 거리로 바꾼 도시다. '꽃의 거리'는 쿠리치바 도심의 보행자 전용 거리로, 친환경을 중시하는 레르네르 시장의 철학과 소신 속에서 탄생했다. 그는 시장 자리를 내놓을 각오로 주말을 기해 전격 도로 공사를 시행했다. 상점들과의 마찰을 피해 상점이 주말 문을 닫는 시간인 금요일 오후 6시에 포장을 걷어낸 뒤 가로수를 심고 화분을 배치해, 48시간 만에 보행자 거리를 조성했다. 시민들을 위한 열린 공간에서는 어린아이들의 그림 그리기 행사가 펼쳐졌고, 폐전차를 활용한 탁아소 운영 등으로 사람들의 사랑을 받게 됐다. 결국 보행자 공간에 대한 상점 주인들과 자동차 단체들의 반대는 수그러들었다. 현재 '꽃의 거리'는 '보행자를 위한 최우선 구역'으로 지정, 관리되고 있다.[7]

레르네르 시장은 도시 침술을 통해 다음과 같은 목표를 추구해 왔다. "일이 복잡하다는 이유를 대며 온갖 이득을 보려 하는 관계자들, 나쁜 정책과 수많은 사소한 선택처럼 관성에 젖은 행동 때문에 결정적인 순간을 놓치거나 핵심 프로젝트가 방해받지 않도록 만드는 것."[8]

공공디자인은 도시 침술을 통해 빠르게 다양한 계획들을 실험해 볼 수 있으며, 대중의 만족이 검증되면 이는 영구적 시설 설치까지 이어진다. 국내에서도 이런 사례들을 찾아볼 수 있다. 서초구에서 시작한 횡단보도 사거리 그늘막이 대표적이다. 전국 어디서나 볼 수 있는 폭염 방지 그늘막은 처음에는 무단 시설로 여겨지기도 했으나, 이제는 횡단보도를 기다리며 한낮의 뜨거운 태양을 피하고 장마철 폭우를 피하는 시설이 되어 전 국민의 사랑을 받고 있다. 이는 대한민국 공공디자인대상은 물론 유럽 그린애플어워즈 등 국내외의 다양한 상을 수상했고, 2019년에는 행정안전부의 그늘막 설치·관리 지침 지정을 통해 공식 시설로 인정받았다. 횡단보도에서 뜨거운 태양에 손으로 얼굴을 가리고 그늘을 찾던 시민들을 관찰한 결과, 작은 비용으로 큰 효과를 내는 공공디자인 시설이 탄생한 것이다.

시민들을 위해 지향하거나 개선해야 할 공공의 가치들은 무수하다. 살펴보지 않으면 보이지 않지만, 공익의 관점으로 살필 때 개선할 대상들이 눈에 띈다. 변화는 법과 제도를 포함해 도시의 모든 현상 유지에 의문을 제기하는 것에서 시작한다. '제도'를 통한 규제가 아니라 '실험'을 통한 권고로 나아갈 때, '계획'을 통한 설치에서 '실행'을 통한 가치관의 변화로 나아갈 때 도시는 업데이트되고, 선진적인 공공 공간은 시민들의 자랑스러운 누림이 될 수 있을 것이다.

제도는 영속하지 않는다. 시민과 사회가 성숙해지며 기존의 사회 제도에 대한 점검도 잇따라 요구되고 있다. 제도 침술이란 이러한 제도의 개선 혹은 신설을 통해 도시의 심미성과 효율성, 그리고 도시민의 삶의 질을 높이는 공공디자인의 한 방식이다.

산업혁명이 시작된 영국은 근대 도시화의 초석을 닦았으나, 2000년대에 들어서며 국가적 차원에서 새로운 시대적 요구에 부합하는 정책 개발을 시작했다. 최고 수준의 공공디자인이 21세기 런던의 성패를 좌우할 것이라는 판단 때문이었다. 원론적인 정책보다는 도시 상황에 맞춘 실현 가능한 대안들을 마련하자는 취지였으며, 그 영향력은 곧바로 유럽 내 다른 국가들에도 퍼졌다.

우리나라는 공공성을 담보한다는 뜻에서 직관적으로 '공공디자인'이라는 용어를 사용한다. 반면 영국은 '도시디자인', '경관디자인', '환경디자인' 등의 용어를 사용한다. 여기서 한 가지 중요한 가치가 등장하는데, 영국의 공공디자인은 '좋은, 혹은 보다 나은 디자인good, or better design'을 넘어 그 자체로 질이 높은 디자인을 추구한다.[9] 옛 제도가 사회 인프라의 양적 성장에 초점을 맞췄다면, 새로운 제도는 기존 시설의 심미성 및 효율성을 제고하는 동시에 삶의 질을 높이는 데 방점을 두었다. 잘못된 정책 결정과 디자인이 개인 및 지역 사회에 미치는 부정적 영향을 줄이려는 것이다. 비슷한 개념으로 우리나라엔 유니버설 디자인universal design이 도입됐다.[10] 유니버설 디자인의 목적은 남녀노소가 장애 여부나 국적 등에 관계없이 안전하고 편리한 삶을 누릴 수 있도록 하는 것이다. 경제, 문화, 환경 등 사회 모든 분야에 걸쳐 적용되며, 다양성을 포용하고 시민 참여를 독려하는 것은 물론 공정 사회로 나아간다는 것이 기본 철학이다. 도시의 인프라를 공평하게 사용하도록 기회를 제공함으로써 사회적 배제, 환경적 불평등과 같은 도시 제반 문제점들을 최소화하는 접근법이다. 2021년부터 서울시는 모든 공공 건축물 및 시설물에 유니버설 디자인을 의무적으로 적용하도록 하고 있다. 제도 침술로서 시민의 보다 나은 삶을 지원한다.

습관을 바꾸는 디자인

어느 한여름, 일기 예보는 종일 무더운 날씨를 예상했고 거리에는 맑은 햇살이 가득한 날이었다. 이상하게도 나는 걷는 동안 덥다는 생각을 거의 하지 못한 채 오래도록 쾌적하게 걸었다. 이처럼 오랜 시간 거리를 걸을 수 있었던 이유는 무엇이었을까? 답은 간단했다. 거리의 가로수들이 보도 위로 끊이지 않는 그림자를 드리우고 있던 것이다.

《액티브 디자인 가이드라인Active Design Guidelines》은 지난

2010년 뉴욕시가 보다 건강한 건물, 거리 및 도시 공간을 위해 발표한 디자인 전략 매뉴얼이다. 학술 연구와 모범 사례를 기반으로 만든 자료로, 도시 디자이너 및 건축가에게 제공된다.[11] 컴퓨터의 발달로 현대인들은 앉아서 작업하는 시간이 많아졌고, 운동 부족으로 다양한 질병에 걸리기도 한다. 의사의 처방과 권고, 약물 복용만으로는 해결하기 어려운 문제다. 도시에서 사람들이 운동하게 하려면 어떻게 해야 할까?《액티브 디자인 가이드라인》은 그 해답을 디자이너의 역할에서 찾는다.

시민의 활동성을 위해 고려할 디자인적 요소는 수없이 많다. 계단이 시민의 눈에 더 잘 보이게 만들고, 보행자와 자전거 이용자에게 매력적인 거리 풍경을 제공해 걷고 싶은 분위기를 조성한다. 보행자가 걸을 수 있는 녹지 공간을 충분히 확보하거나, 환승 체계를 편리화해 더 많은 사람들이 자연스럽게 대중교통을 이용하도록 할 수도 있다. 뿐만 아니라 도시 디자인을 통해 더 많은 시민들이 건강하고 신선한 음식이 있는 시장과 연결되도록 한다. 다양한 프로그램을 기획하고 이를 가로에서 진행함으로써 보행자들이 즐겁고 쾌적한 환경에서 산책하는 동시에 행사에도 참여하도록 한다.

《액티브 디자인 가이드라인》이 제시하는 것은 제한적이거나 규격화된 도시 디자인 가이드라인이 아니다. 도시를 살아가는 사람들의 건강과 활동성을 중심으로 도시를 디자인한다. 이는 시민이 일상에서 활동성을 높일 수 있는 환경을 조성함으로써, 뉴욕시가 도시 전반의 건강한 라이프 스타일을 제시한 독보적인 제도 침술이다.

만남이 있는 도시

도시는 만남의 장소다. 타인과 더불어 살아간다. 제도의 필요성도 여기서 태동했다. 도시는 작게 시작했지만, 지금은 대도시들이 많다. 2022년 4월 기준 인구 1000만 명이 넘는 메가시티가 전 세계 32개나 된다. 도쿄, 상하이, 자카르타, 델리를 이어 서울은 인구 2560만으로 세계 5위 메가시티다. 도시가 커지면 장점도 있지만 일터와 주거 공간이 점점 멀어진다는 단점도 발생한다. 이에 대부분의 대도시 사람들은 너무 많은 시간을 이동에 쏟는다는 문제를 안고 산다.

2020년 안 이달고Anne Hidalgo 파리 시장은 '15분 도시'를 만들겠다는 계획을 발표했다. 자전거를 타거나 도보로 이동 시 필요한 모든 서비스를 15분 안에 도달할 수 있는 크기로 동네를 구획하겠다는 계획이다. 자동차 없이 집, 직장, 학교, 병원, 공원 등 모든 일상 서비스가 15분 이내에 접근 가능한 자족적인 생태 도시를 만드는 것이다. 15분 도시에선 주차장이 불필요하고, 차들이 들어서 있던 공간에 새로운 기능들이 추가될 수 있다. 학교를 비롯해 주간에만 활용하던 시설들의 새로운 쓰임새를 도모해 야간 및 주말에도 활용된다. 이에 따라 삶의 편의와 질이 보장되고 마을 주민 누구나 공공 서비스를 받을 수 있다. 이처럼 15분 도시 계획은 근접성이라는 가치를 통해 도로에서 허비하던 시간을 자기 계발이나 가족과 함께하는 시간으로 치환함으로써 인간적인 삶의 형태를 회복한다.

파리시의 도시 정책 자문 카를로스 모레노Carlos Moreno 교수가 내세운 15분 도시 핵심 원칙은 다음과 같다.[12]

- 모든 시민이 깨끗한 공기를 즐길 수 있도록 충분한 녹지 공간을 제공한다.
- 각 지역에 가족 유형별로 다양한 유형과 크기의 주택을 제공하고, 일터와 가까운 곳에 살 수 있도록 한다.
- 원격 근무자들을 위해 집 근처에 소규모 사무실, 소매 및 접대 시설, 코워킹 스페이스를 둔다.
- 모든 시민이 상품과 서비스, 특히 식료품이나 신선한 음식 및 건강 관리 서비스에 쉽게 접근할 수 있도록 한다.

15분 도시는 불필요한 이동 시간을 줄이고 더 많은 공공 공간을 제공한다. 지역 번화가에 활기를 불어넣고 커뮤니티 의식을 강화하며, 건강과 웰빙을 촉진하고 기후 위기에 대한 내성을 높인다. 산업화와 도시화로 왜곡된 거대 도시의 모습을 작은 세포처럼 구획해 시민을 위한 동네 마을들로 구성하겠다는 파리의 계획에 세계 많은 도시 정책자들이 공감했다. 푸드 트럭food carts 붐을 일으킨 오리건 포틀랜드Portland의 '완전한 이웃complete neighborhoods'[13], 호주 멜버른Melbourne의 '20분 이웃20 minute neighborhoods'[14] 또한 유사한 형태의 제도 침술로 자리 잡았다. 우리나라에서도 이러한 흐름을 따라 2022년 8월 부산시는 디지털과 스마트 개념을 더한 15분 생활권 도시 조성 계획을 발표했다. 생활 속 문제를 구체화하고자 지역 주민과 전문가가 함께 의견을 수렴하고 해결책을 실험해 보는 'Happy 챌린지 거버넌스'를 시작해 차량 중심의 도시를 사람 중심의 도시로 변화시키고자 한다.

다수를 위한 다수의 공간

뉴욕의 도로는 자동차로 가득하다. 시끄러운 경적 소리와 급브레이크음, 정지된 차들이 내뿜는 매연이 도로를 가득 채운다. 마음 급한 운전자들의 거친 운전, 교통 질서를 지키지 않아 꽉 막혀 버린 사거리 등은 시민들에게 큰 불편을 안긴다. 지난 2018년 뉴욕시 비영리기관 파트너십포뉴욕시티Parnership for New York City의 발표에 따르면 뉴욕 시민들은 교통사고와 교

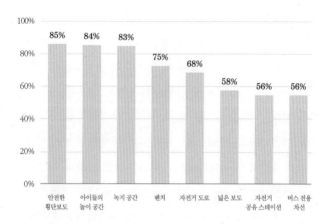

지금 뉴욕시에 더 필요한 것

	안전한 횡단보도	아이들의 놀이 공간	녹지 공간	벤치	자전거 도로	넓은 보도	자전거 공유 스테이션	버스 전용 차선
	85%	84%	83%	75%	68%	58%	56%	56%

* 미국 뉴욕 시애나대학연구소, 2020년.

통 체증 등으로 인해 연간 60억 달러 이상의 손실을 입는다. 2020년 미국 뉴욕 시애나대학연구소에서 진행한 한 설문 조사에서 공공 공간에 대한 뉴욕 시민들의 생각은 위와 같이 나타났다.

이러한 문제들을 해결하고자 뉴욕시는 '25X25' 프로젝트를 시작했다. 더 나은 도시 미래를 위해 2025년까지 차도의 25퍼센트를 보행자들에게 돌려줌으로써 자동차로 발생하는 문제들을 해결하려는 것이다. 뉴욕에선 소수의 시민이 자동차를 소유하고 있으며 그들 중 4분의 1만이 자가용으로 출

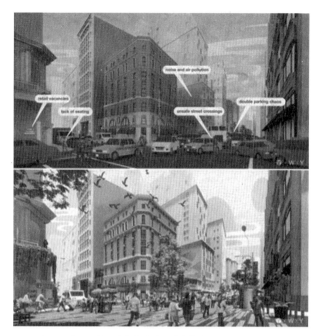

'25X25' 프로젝트 전과 후의 시뮬레이션 ⓒWXY Studio

퇴근한다. 시민의 96퍼센트 이상이 일상에서 도보, 자전거, 대중교통을 이용한다. 기존 뉴욕시에서 차도와 공용 주차장을 비롯해 무려 75퍼센트의 도로 면적을 소수의 시민이 사용하고 있었던 것이다. 이제는 그 공간의 일부를 더 많은 사람들을 위한 공간으로 전환함으로써 공공 공간을 창출하는 도전적 과제가 바로 '25X25'다. 그 결과 현재까지 뉴욕시는 500

마일의 자전거 도로를 건설했고, 또 다른 500마일의 버스 노선을 만들었으며, 센트럴파크 13개에 달하는 면적의 차도를 보행자를 위한 공간으로 탈바꿈했다.[15] 그 결과 시민들은 보다 안전하게 횡단보도를 건너고, 넓고 깨끗해진 인도에서 자연과 함께하는 푸른 경관을 누리며, 이웃과의 소통은 물론 자전거를 비롯한 퍼스널 모빌리티를 안전하게 사용할 기회를 얻게 됐다.[16]

공원을 허하라

대부분의 대도시는 자동차 중심으로 발전했다. 차량 통행이 빠르게 이뤄져야 더 많은 물자가 이동할 수 있으므로 도로 확장은 도시 발전의 필요 조건이었다. 그러나 자동차를 위한 공간이 넓어지며 사람을 위한 공공 공간은 줄어들었다. 대표적인 공간이 주차장이다. 도로변 주차장은 차량을 임시로 주차하는 곳이다. 우리나라의 도로변 주차면의 평균 너비는 3.3미터, 길이는 5.0미터다. 일반적인 크기의 벤치가 두 개 이상 들어갈 수 있는 크기다. 만약 주차비를 지불하고 자동차 대신 사람이 그 공간을 사용한다면? 실제로 그런 일이 일어났다.

2005년 11월 16일, 도시 디자인 연구소 르바 스튜디오 Rebar Art and Design Studio는 샌프란시스코 시내에 햇빛이 잘 드는 한 도로변 주차면을 임시 공원으로 조성했다. 그들은 주차면

©Rebar Art and Design Studio

에 잔디를 깔고 큰 화분과 긴 벤치 하나를 놓았다. 주차가 아닌 다른 목적으로 일반 시민들이 그곳을 사용할 수 있도록 정오부터 오후 2시까지 두 시간가량을 예약한 것이다. '미터기에 먹이를 달라feed the meters'는 표지판을 설치해 사람들이 미터기에 몇 센트를 추가하며 이용 시간을 늘려나갈 수 있도록 했다. 얼마 지나지 않아 한 남자가 벤치에 앉아 신발을 벗고 점심을 먹기 시작했다. 그러자 조금 뒤 지나가던 다른 행인이 벤치 한쪽에 앉았고, 그들은 서로 이야기를 나누기 시작했다. 이 실험은 르바 스튜디오가 인터넷 커뮤니티에 사진과 함께 소식을 업로드하며 전 세계적인 관심을 불러 모았다.[17]

자동차 주차장을 포켓 공원pocket park으로 만든 이 실험은 도시를 사는 우리에게 근본적인 질문을 던진다. 왜 우리는 인간보다 자동차를 우대할까. 더 많은 녹지 공간과 벤치를 가질 수 없는 이유는 무엇일까. 도시, 그 가운데 적어도 일부라도 더 인간 중심적으로 재설계될 수는 없을까.

이 게릴라성 이벤트를 진행한 르바 스튜디오는 누군가 주차 문제로 신고하는 등 당초 해당 지역의 관할 부서에 소환되는 최악의 경우까지 예상했었다. 그러나 상황은 생각하지 못한 방향으로 흘러갔다. 샌프란시스코 도시 녹화city greening 책임자 마샬 포스터Marshall Foster의 식사 초대를 받게 된 것이다.

식사 자리에서 포스터는 "어떻게 하면 당신들이 이런 일을 더 많이 하게 할 수 있습니까?"라는 질문을 던졌다. 샌프란시스코 토지 면적의 20~30퍼센트가 거리이고, 여기서 인도를 제외한 면적의 70~80퍼센트가 자동차의 이동 및 주차에 사용된다. 포스터는 이 공간을 보다 효율적으로 활용할 방법의 하나로서 르바 스튜디오의 실험에서 한 가지 실마리를 얻은 것이다.

지난 2019년, 현 캘리포니아 주지사이자 당시 샌프란시스코 시장이었던 개빈 뉴섬Gavin Newsom은 포스터의 자문을 얻어 노변 주차장을 공원으로 만드는 '파크렛Parklet'이라는 샌

뉴욕 맨해튼 파크렛의 최근 모습 ⓒ김주연

프란시스코 공식 제도를 만들었다. 주차장Parking Lot을 공원park
으로 허용-let한다는 뜻이다. 파크렛이 생기며 샌프란시스코 사
람들은 거리에서 더 많은 공간과 편의 시설을 누릴 수 있게
됐다.[18] 특히 코로나19 동안 2000개가 넘는 노상 주차장이 야
외 식사 공간으로 임시로 바뀌어 활용됐다. 방역 지침으로 다
른 공간들이 폐쇄되자, 이 작은 공공 공간들이 사회적 커뮤니
티를 구축하는 일상 속 만남의 공간이 된 것이다.[19]

　　파크렛은 이제 샌프란시스코를 넘어 전 세계가 동참하
는 국제적 운동으로 발전했다. 바로 파킹데이Park(ing) Day다. 매
년 9월 셋째 주 금요일, 런던, 뉴욕, 브뤼셀, 쾰른, 밀라노, 도

뉴욕 맨해튼 파크렛의 최근 모습 ⓒ김주연

쿄, 서울 등 전 세계 수백 개 도시의 시민들은 도로변 주차 공간을 2시간 동안 일시적으로 공원 또는 사교 모임의 장소로 사용한다. 이는 안전하고 친환경적이며 평등한 거리의 가치를 옹호하는 국제적 공공 참여 프로젝트로, 전 세계적 현상이 되고 있다.

　우리나라에선 지난 2022년 9월, 홍익대학교 공공디자인센터가 파킹데이에 공식적으로 참여했다. 하루는 서울 강남구 코엑스 맞은편에, 하루는 홍익대학교 서울캠퍼스 앞 걷고싶은거리 도로변에 주차장을 활용한 파크렛을 설치했다. 강남 파크렛은 금요일 오후 12시부터 2시까지, 홍대 파크렛은 토요일 오후 2시부터 4시까지 운영했다.

두 파크렛이 설치된 요일과 시간대, 그리고 지역적 특성에 따라 대중의 반응도 갈렸다. 우선 강남의 경우 유동 인구의 대부분이 직장인으로, 많은 사람들이 분주히 점심을 먹으러 가던 중 파크렛을 보고 무슨 행사가 일어나는지 궁금해했다. 식사를 마치고 한 손에 커피를 든 직장인들 중에는 주차장이었던 곳에 마련된 쉼터에 앉아 인증 사진을 찍는 사람들도 있었다. 시간의 여유가 있는 사람들이 앉아 수다를 떠는 모습도 볼 수 있었다. 그냥 지나치려던 행인도 가까이 다가와 이 쉼터가 어떤 공간인지 물었다. 일과 도중 점심시간이라는 제약 때문인지 길게 쉬는 시간을 갖는 사람은 많지 않았으나, 지나가던 대부분의 사람들은 임시 쉼터가 된 이 주차 공간을 재밌어했다.

홍대 파크렛의 경우 토요일 오후에 운영돼 유동 인구도 많고 그만큼 반응도 뜨거웠다. 아스팔트로 포장된 삭막한 주차 공간에 마련된 녹색 인조 잔디와 컬러풀한 의자들이 사람들의 눈길을 끌었다. 뜨거운 태양을 가리기 위해 설치한 그늘막 아래서 많은 사람들이 앉아서 쉬는 시간을 가졌다. 주변 카페에서 커피를 사와 잠깐 앉아서 이야기하는 연인도 있었고, 가족끼리 쇼핑을 나왔다가 엄마와 딸이 마저 쇼핑을 하는 동안 아빠와 아들이 앉아서 쉬는 모습도 보였다. 더운 늦여름 주

서울 마포구 홍익대학교 앞 파킹 데이 ⓒ홍익대 공공디자인연구센터

차 공간에 작게 마련된 휴식 공간은 지나가는 사람들의 호기심을 자극했고 포토존이 됐다.

　　강남과 홍대를 지나치던 사람들은 거리 위 주차 공간이 쉼터로 바뀌자 그 상황을 낯설어하면서도 재밌어했다. 어쩌면 자동차가 점유하던 공간이 사람을 위한 공간이 될 수도 있다는 생각을 처음 접해 보고, 체험하고, 또 다른 가능성들을 상상하는 계기가 됐다. 이처럼 파킹데이는 그동안 우리가 당연하다고 생각했던 자동차 중심의 공간에 새로운 시각을 제공함으로써 도시가 사람 중심의 공간으로 바뀌는 마중물 역할을 하고 있다.

3   ESG 침술 ; 행동하는 브랜드가
                        살아남는다

2009년 하버드 경영대학원 졸업생의 절반 가까이는 졸업식 전날의 비공식 행사에서 다음과 같은 맹세를 했다. "지극히 정직하게 행동할 것, 내 좁은 야망을 채우기 위한 결정과 행동을 거부할 것, 내 사업으로 사회에 창출할 장기적 가치를 높이는 쪽으로 일할 것" 등. 그들의 맹세는 기업에게 요구하는 ESG와 같은 맥락이다. ESG경영은 기업의 사회적 책임CSR에서 시작해 공유 가치 창출CSV과 연결된다. 각각의 정의는 시대와 쓰임에 따라 차이가 있으나 기업의 경영 활동에서 '사회적 책임 의무'를 통해 지속 가능한 사회를 만들고자 하는 공공성은 동일하다.

이러한 ESG 경영은 공공디자인과도 밀접한 개념이다. ESG 침술이란 영리 기업이 지속 가능한 사회를 위해 적극적으로 친환경Environment, 사회적 책임Social, 협치Governance의 공공성을 실천하는 공공디자인의 한 방식이다. 아웃도어 브랜드 파타고니아Patagonia는 2011년 자사가 제작한 의류를 "이 자켓을 사지 마세요Don't buy this jacket"라는 문구와 함께《뉴욕타임즈》광고란에 실었다. 환경을 위한다는 기업의 철학은 어떠해야 하는가에 대한 질문을 던진 하나의 사건이다. 광고에 실린 R2 재킷은 친환경 소재의 제품이었지만 그 옷을 만들기 위해서는 물 135리터가 쓰인다. 소재의 원산지에서 창고까지 배송되는 데 20파운드, 약 9킬로그램의 이산화탄소가 배출된다. 또 파타고니아 창업주 이본 쉬나드Yvon Chouinard는 2022년 9월 기후 변화 대응을 위해 자신과 가족이 소유하던 자사 지분의 100퍼센트를 기부하기도 했다. 약 4조 원가량의 지분은 환경 단체와 비영리 재단들의 활동에 사용될 것이다. 진실함을 실천하는 파타고니아는 고객의 브랜드 충성도가 높을 뿐만 아니라 직원들이 79퍼센트가 '일하기 좋은 회사'로 추천하는 회사이며, 자발적 이직율은 연간 3퍼센트에 불과하다.[20]

기업이 책임감 있게 사회적 가치를 실현하는 모습을 보일 때 소비자는 물론이고 근로자와 투자사 등 다양한 이해관계자들의 기업에 대한 기대 수준은 높아진다. 파타고니아와 같이 최근 기업들은 현실로 다가온 문제들을 선제적으로 개선하는 비즈니스를 실천하고 있다. 이처럼 ESG의 가치를 절대화한 기업이나 브랜드만이 지속 가능한 시대가 왔으며 이는 브랜드 액티비즘의 형태로 나아가고 있다.

브랜드 액티비즘Brand Activism이란 기업이나 브랜드가 가치 소비를 주도하는 소비자들의 니즈에 발맞춰 정치, 경제, 환경 등의 사회적 이슈에 '하나의 인격체'처럼 목소리를 내고 행동하는 것을 말한다. 즉, 브랜드가 사회적 주체로서 소비자 의식 변화와 사회적 문제에 발맞춰 능동적으로 대응하는 것이다.[21] 이는 "사회를 유지하고 인간적인 삶을 살아가는 데 필요한 가치들을 살려내고 유지하는 역할에 관심을 둔다."[22] 브랜드 액티비즘은 공공디자인의 역할과 맞닿아 있으며, 기업은 공공디자인을 통해 사회적·경제적 가치를 창출함으로써 자사의 경쟁력을 강화하고 있다.[23]

지속 가능성에서 답을 찾다

마이크로소프트 나틱 프로젝트

 나틱 프로젝트Project Natick는 데이터 센터를 수중에 구축하는 실험적 프로젝트다. 지난 2018년 여름, 마이크로소프트는 스코틀랜드 오크니섬 근처 해저에 컨테이너 형태의 데이터 센터를 설치했다. 바다 마을 주민의 50퍼센트 이상이 해안가 주변에 거주하는 점을 고려할 때, 가까운 바닷속에 서버를 설치할 경우 주민은 신호를 대기할 필요 없이 빠르게 서비스를 이용할 수 있다. 뿐만 아니라 차가운 바닷속이라는 특성을 이용해 서버 냉각도 이전보다 쉽고 자연 친화적인 방식으로 가능하다. 발열이 높은 데이터 센터에 들어가는 전력 소비량을 줄이고, 결과적으로 전력 발전을 위한 탄소 배출량도 줄게 된다. 나틱 프로젝트가 시사하는 바는 간단하다. 점점 심각해지는 데이터 센터의 전력 소비 등에 의한 문제를 자연과 함께 해결할 방도를 찾고자 한 것이다. 또한 데이터 센터의 구성품은 소모품으로 이용된다는 문제점이 있었다. 일정 기간 사용하고 주기적으로 교체해야 한다는 점에서 자원 낭비와 폐기물 처리 등의 문제를 초래했다. 이를 해결하기 위해 강철 압력 용기, 열 교환기, 서버 등 나틱 프로젝트에 사용되는 모든 부품 혹은 기구는 재활용 가능한 재료들로 만들어졌다. 사람들은 단순히 재화를 지불하고 제품이나 서비스를 제공받는 것이 아닌, 세상을 이롭게 만들 수 있는 가치 소비를 택하기 시작했다. 나틱 프로젝트는 이러한 소비 트렌드의 변화를 반영한 혁신적인 시도다.

아모레퍼시픽 업사이클링 벤치

최근 뷰티 업계에서도 친환경은 중요한 키워드로 떠오르고 있다. '먹어도 되는 화장품', '자연에서 추출한 재료' 등 제품의 자연성을 강조한다. 그런데 중요한 건 그 내용물을 둘러싼 포장재다. 화장품 패키지는 대부분 보관의 용이성과 심미적 디자인을 위해 유리와 플라스틱으로 만들어지며, 그 재활용률은 매우 낮다.

　　제로 웨이스트에 동참하는 의미로 아모레퍼시픽은 2020년 '아모레스토어 광교'를 연 바 있다. 고객이 각자 재사용 용기를 들고 오면 리필 스테이션에서 샴푸와 바디 워시를 골라 담고 무게당 비용을 지불하는 시스템이었다.[24] 이외에도 아모레퍼시픽은 공병을 수거해 예술가들과의 컬래버레이션으로 작품을 만들거나 문화 행사를 기획하는 등 환경과 관련된 다양한 시도를 해왔다. 일례로 글로벌 환경 기업인 테라사이클TerraCycle, 그리고 건축 공예적 콘크리트를 만드는 예술 집단 디크리트DCRETE와 함께 키엘KIEHL'S 화장품 공병을 잘게 부수어 업사이클링 테라조 타일을 만들었다. 이 테라조는 키엘 신세계백화점 매장 인테리어 자재로 활용됐다. 또 삼표그룹과의 협력으로 폐플라스틱을 섞은 UHPC라는 새로운 소재의 콘크리트를 만들었고 이 소재로 업사이클링 벤치를 제작했다. 폐플라스틱 조각의 아름다움을 느낄 수 있는 새로운 관점의 업사이클링이다.

벤치는 누구나 쉬었다 갈 수 있다. 누군가에게는 휴식의 공간이며, 누군가에게는 만남의 장이 되기도 한다. 그만큼 벤치는 공공장소에서 다양한 역할을 담당한다. 아모레퍼시픽과 같이 단순한 재정 기부 혹은 분리수거가 아니라 환경에 대한 영향을 고려해 전에 없던 소재를 개발하고, 그 결과물을 공공재로 기부하는 것은 그 기업만이 사회에 줄 수 있는 가치다. 현재 이 벤치는 서울 종로구 창덕공원 및 충남 태안 천리포수목원에서 찾아볼 수 있다.

아모레퍼시픽은 또한 포스코와의 협업으로 플라스틱 공병을 활용해 친환경 소재인 슬래스틱Slastic을 개발했다. 슬래스틱은 제철소의 부산물인 슬래그slag와 폐플라스틱plastic을

창덕공원에 위치한 아모레퍼시픽과 삼표그룹의 업사이클 벤치
ⓒ아모레퍼시픽

융합한 소재로, 이태원 소재 공중화장실 '아리따운 화장방'을
만들 때 외장 마감재로 활용했다.[25]

곰표 플로깅 캠페인

지구를 위한 노력이 꼭 거창할 필요는 없다. MZ세대는 소셜
미디어를 통해 기후 위기와 같은 의제에 자신의 생각과 행동
을 적극적으로 표현한다. 인플루언서가 시작한 챌린지challenge
를 따라하며 긍정적인 바람을 일으키고, 해시태그로 함께 하
고 싶은 활동에 사람들을 먼저 불러 모으기도 한다. 특히 혼자

보단 온라인 플랫폼에서 커뮤니티를 만들어 사람들과 함께 활동을 하고 친목을 도모한다. 또 영어 '갓God'과 한자 '생生'을 합쳐 만든 소위 '갓생'이란 말로 자신이 정한 바른 생활 습관을 통해 자신을 돌보는 데 힘을 쓴다. MZ세대가 일하기 위해 운동한다고 말하는 것을 들으면 약간 슬프기도 하지만 이처럼 자신을 가꿔 나가는 바른 습관에서 활력을 얻는 것도 이세대의 한 특징이다.

커뮤니티 문화와 바른 습관, 두 가지 속성이 합쳐진 여러 긍정적인 사회 활동이 늘고 있다. 일례로 스웨덴에서 시작한 플로깅plogging은 '줍다'라는 스웨덴 단어 '플로카 우프plocka upp'와 영단어 '조깅jogging'의 합성어로, 조깅을 하면서 쓰레기를 줍는 운동이다. 우리나라에선 '줍다'와 '조깅'을 결합해 '줍깅'이라는 재밌는 용어로 불리기도 한다. 건강을 챙기면서도 쓰레기를 주워 환경을 지킨다는 실천적 의미를 지니는 이 행위는 개인 단위의 작은 환경 보호 운동이다. 이 트렌드를 포착해 자사의 브랜드 가치와 접목시키는 회사들이 늘고 있으며, 밀가루 브랜드 곰표도 그중 하나다. 곰표는 곰표맥주와 같은 트렌디한 이미지의 밀 관련 상품을 제작하는 것뿐만 아니라, 완전히 새로운 분야에서도 세대의 취향을 저격하는 상품을 기획하고 소비자들이 직접 참여할 수 있는 행사를 마련한다. 최근 MZ세대가 등산에 관심을 두기 시작한다는 사실을 포착한 곰표는 2021년 11월 1일, '등산 플로깅'이라는 특이한 행사를 기획했다. 곰표는 소래산 입구에서 '곰표 포대'를 사람들에게 나눠 준 뒤 사람들이 등산하는 동안 쓰레기를 담아 정상에 오르면 품절된 곰표 굿즈를 선물하는 이벤트를 연 것이다.

20분이면 오를 수 있는 소래산 정상에 임시 설치된 곰표 플로깅 하우스가 오픈하자마자, 1시간 만에 준비한 굿즈는 품절됐고 등산로에 보이던 쓰레기도 모두 사라졌다. MZ세대에 퍼진 등산 문화와 화제성 있는 '곰표 굿즈'라는 아이템이 한몫한 것이다. 특이하게도 이 행사는 사전 홍보를 통해 참가자를 모으지 않았다. 행사 당일 설치된 부스 앞을 지나던 소래산 등산객을 대상으로 벌인 이벤트였다. 이전까지 플로깅 행사는 주로 시내 혹은 강변에서 이뤄진 반면, 곰표의 캠페인이 SNS에서 핫했던 이유는 바로 '자연스러움' 때문이었다.[26] 탄소 배출을 최소화하고, 불필요한 공정을 없애는 등 기업 차원의 임팩트를 만드는 것도 중요하다. 하지만 거기에 더해서 시민이 진심으로 공감하고, 직접 참여할 수 있는 활동들을 제시할 때 기업의 공적 가치는 더욱 커질 것이다.

지금까지 기업의 사회 공헌 활동은 눈에 보이지 않는 것이 많았다. 단순 기부 혹은 일부 집단을 위한 좁은 지원이 대부분이라 기업이 어떤 활동을 하는지 알기란 쉽지 않았다.

반면 마이크로소프트와 아모레퍼시픽, 곰표 모두 기타 산업과의 협업을 통해 새로운 가치를 창출했다. 이와 같이 기업은 환경과 관련된 공적 활동을 더욱 확대할 것이고, 그중에서도 소비자와의 접점을 정확히 포착하는 브랜드 액티비즘을 펼치는 기업의 파급력이 커질 것이다.

문제를 정의하고 해결하는 과정

누군가는 '공공디자인'이라는 단어를 들으면 거리에 없던 공원을 만들고, 혁신적인 건축물을 짓는 등 좁은 영역에 한정해 생각할 수 있다. 그러나 최근 많은 기업이 자사의 비즈니스와 직접적인 관련이 없는 사회 문제를 해결하는 데 적극적으로 뛰어들며, 유무형의 공공디자인 프로젝트를 진행하고 있다. 기업은 정부나 기관이 시스템적 한계로 해결하지 못했던 사회 문제들에 새로운 흐름을 제시하며 건강한 사회를 향한 다양한 역할을 자처한다.

카카오임팩트 100up 프로젝트

어떤 문제를 해결할 때, 보이는 부분의 문제를 해결했는데 근본적인 문제가 다른 곳에 있는 것을 발견하는 경우가 있다. 방에 물이 떨어지는 것을 보고 단순히 그 밑에 양동이만 받쳐두고 문제를 해결했다고 생각하는 것과 같다. 이와 같이 근본적인 문제 해결을 도모하고자 지난 2019년 사회 문제 정의 협업 플랫폼 '카카오임팩트 100up'이 출범했다. 100up은 문제 정의를 통해 다양한 사회적 문제의 복잡함을 정확히 인식하고, 각 문제를 하나씩 풀어가는 솔루션 프로젝트였다. 문제 정의 지원 베타 프로젝트는 2022년 4월 종료됐으나, 청년 실업·가정 폭력·저출산·고령화·디지털 성범죄·남녀 불평등등 복잡한 사회 문제에 대한 중요한 질문을 남겼다.

"내가 정의하려고 하는 이 문제가 나와 어떻게 연결될까?"

"내가 이 문제를 해결하려는 진짜 이유는 무엇일까?"

카카오는 자사의 기술과 플랫폼을 통해 다양한 사람들이 참여하는 공감 기반의 프로젝트를 진행했다. "잘 된 문제 정의는 문제를 해결하려는 스스로에 대한 확신, 함께 해결하려는 동료들과의 소통, 문제 해결을 위한 다양한 이해관계자와의 공감, 솔루션의 방법적 완성도를 높인다." 프로젝트의 참가자 서현진 씨는 이렇게 말한다. "지금은 모든 사람이 함께 문제를 해결해야 하는 사회다. 사회 문제들이 점점 더 복잡해지고 광범위하고 모호한 형태로 나타나고 있기 때문에, 다양한 이해관계자와 당사자들이 문제를 파악하고 해결해 나가야 한다. 모두가 해결자가 돼야 하는 것이다."[27]

카카오 100up 프로젝트는 이처럼 사회 문제의 이해관
계자 스스로가 질문을 던진다는 점에서 의의가 크다. 그 질문
이 사소한 것일지라도 나와 사회 문제 사이에 연결 지점이 있
어야 무엇이 문제인지를 정의하는 단계로 나아갈 수 있기 때
문이다.

신한카드 을지로 셔터갤러리

소위 '힙지로'로 불리는 을지로3가엔 철물, 목재, 공구 업체와
노포가 경계 없이 섞여 있는 골목들이 즐비하다. 낮에는 오토
바이, 지게차, 트럭들이 지나다니고 사람들의 활기가 넘친다.
밤에는 그 길거리가 노포로 바뀐다. 예전부터 이곳은 "탱크도
만들 수 있다"는 말이 돌 정도로 다양한 업체와 장인, 기술자
들이 공존하고 있다. 그런데 밤에 상점들이 업무를 마치고 셔
터를 내리면 이 공구 거리는 어둡고 을씨년스러운 풍경이 된
다. 그 스산한 골목에서 노포들은 저녁 장사를 하게 된다.

길거리에서 맛있는 음식을 먹는 것은 즐거우나 셔터가
내려진 어두운 거리를 바라보며 있고 싶지는 않다. 공구 가게
들이 셔터를 내린 밤에도 이곳이 젊은 사람들의 감성에 부응
하는 힙한 분위기를 연출할 수는 없을까? 2020년 7월 신한카
드와 서울 중구청은 작가 다섯 명과 협력해 가게의 셔터들에

을지로의 셔터갤러리 ⓒ신한카드

그림을 그려 '셔터갤러리'를 만들었다. 을지로의 밤을 찾은 사람들에게 먹는 즐거움과 보는 즐거움을 동시에 선사함으로써 이 골목은 주인과 방문자 모두 만족하는 공간이 됐다. 이제는 공구 가게들이 문을 닫는 주말에도 셔터의 이색적인 그래픽 작품과 그 분위기를 즐기기 위해 을지로를 찾는 사람들이 늘고 있다. 기업과 민관의 협력으로 탄생한 공공디자인은 이곳을 한층 더 힙하게 만들었다.[28]

ABC마트 세상에 없던 신발

2016년 어느 새벽, 어두운 출근길에서 거리를 홀로 청소하는 환경 공무관을 마주친 이주윤 씨는 그해 11월 ABC마트 '세상에 없던 신발' 캠페인에 응모했다. 당시 ABC마트는 공식 페이스북을 활용해 메시지 혹은 게시물 댓글로 신발 제작 아이디어를 받고 있었다. 참가자가 개인 페이스북이나 인스타그램에 해시태그 '#세상에없던신발', '#세없신'을 달고 콘텐츠를 올리는 방식으로도 응모할 수 있었다. 직접 그린 스케치, 컴퓨터로 편집한 이미지는 물론 텍스트만으로도 아이디어를 제출할 수 있게 함으로써 공모전의 허들을 대폭 낮췄다. 시민의 아이디어를 바탕으로 신발을 제작하고 기부한다는 이 캠페인에 많은 이들이 공감을 표했다. 또 많은 시민들이 보내 준 아이디어 하나하나가 재미로라도 만들어 보고 싶은, 혹은 실제로 제작하면 누군가에겐 굉장히 큰 도움이 될 제품이라는 영감을 주는 계기가 됐다.

이주윤 씨의 아이디어에서 탄생한 것이 바로 환경 공무관을 위한 '라이트 슈즈'다. 워커에 4단계로 각도를 조절할 수 있는 랜턴을 부착해 어둠을 밝힌다. 랜턴은 밤길도 쓰레기도 잘 비추며, 탈부착이 가능해 일상생활에서도 이 워커를 신을 수 있다. ABC마트는 이주윤 씨를 비롯해 선정된 열 명의 공모자에게 각각 100족의 신발을 기부할 수 있는 기회를 제공했고, 총 1000족의 신발이 사회 복지 단체 등에 기부됐다. 이주윤 씨의 라이트 슈즈는 중랑구청 소속 환경 공무관들에게

(좌)소비자 응모작 디자인, (우)실제 제작한 라이트 슈즈
ⒸABCMART KOREA 유튜브

전달됐다. ABC마트의 캠페인을 통해 시민들은 우리 사회에 어떤 신발이 필요할지를 고민하고 나눌 수 있는 기회가 주어졌고, 신발이 필요했던 사람들은 무료로 신발을 제공받을 수 있었다.[29]

브랜드, 거버넌스를 만들다

사회 문제를 해결하는 주체는 누가 되어야 할까. 그 분야의 전문가일까, 혹은 정부나 기관일까. 최근에는 MZ세대를 중심으로 시민이 주체가 되어 사회 문제를 해결하는 크고 작은 움직임이 보인다. 이에 다양한 분야의 기업은 재정과 기술 등을 지원함으로써 건전한 거버넌스 형성에 동참하고 있다.

SK Sunny와 청년 서포터즈

많은 경우 청년들은 단순한 봉사 활동을 넘어 주체적으로 사회에 선한 영향을 미치고 그 속에서 본인 또한 성장하는 것을 원한다. 그런데 현재 우리나라 청년들은 세계에서 가장 높은 학업 성취도를 자랑하고 있지만 스펙을 쌓기 위한 목적으로만 봉사 활동을 하는 경우가 대다수다. 대학생 자원봉사단을 운영하던 SK행복나눔재단은 이 문제점을 포착했고, 사회 문제에 관심 있는 젊은 인재를 양성할 장기적인 프로젝트를 기획했다. 이것이 발전해 현재 SK그룹의 사회적 가치 서포터즈 '써니Sunny'가 됐다.

청년들이 사회에 나왔을 때 가장 두려워하고 또 취약한 부분은 네트워크다. 사회 구성원으로서 다양한 역할을 하고 싶지만 언제 어떻게 누구를 만나 무엇을 해야 하는지 모르고, 좋은 아이디어가 있다 해도 실현이 어렵다.

써니는 이처럼 사회에서 단기간에 해결되지 않는 문제들에 젊은 세대가 꾸준히 개입하고 해결해 나갈 수 있도록 지원한다. 문제를 해결하기 위한 기초적인 과정 설계부터 현장 검증까지 교육을 제공하고, 다양한 멘토나 관련 기관과의 연결은 물론 프로젝트 실행에 필요한 금전적 지원도 담당한다. 현재 Sunny는 프로그램을 세 가지로 확장해 운영하고 있다. 써니 스콜라Sunny Scholar에선 청년들이 사회 문제를 집중적으로 분석하고 써니 글로벌Sunny Global에선 다국적 학생들이 비영리 스타트업을 조직해 지속 가능 목표에 관한 문제를 해결한다. 또 써니 베트남Sunny Vietnam은 베트남 하노이를 거점으로 현지 학생들이 자국의 사회 문제를 직접 해결할 수 있도록 한다. 이 처럼 기업은 청년들이 장기적으로 사회 문제를 해결할 수 있는 시스템을 갖춰줌으로써 미래형 거버넌스를 함께 만들어 가고 있다.

현대자동차그룹과 청춘발산마을

한국은 1990년대에 접어들며 흔히 '도넛 현상'이라 불리는 도심 공동화 현상을 겪기 시작했다. 일거리를 찾아 도심으로 인구가 몰렸고, 젊은이들이 떠나며 지방의 작은 마을들은 쇠퇴의 길을 걸었다. 그중 하나가 광주광역시의 발산마을이다. 1970~1980년대 당시엔 방직 공장 여공들로 붐비던 지역이었으나 마을의 생계 수단이던 방직 산업이 사양 산업이 되며 젊은이들은 떠났고, 어르신들만 남았다. 텅텅 비어 버린 빈집과 오래된 공장들, 세월의 흐름 속 흔적만 남아 버린 마을. 더 이상 발산마을에선 젊은이들의 활기찬 웃음소리를 듣지 못할 것 같았다.

그러던 곳이 현재는 새로운 청춘들이 자라는 푸른 마을로 탈바꿈했다. 지금의 '청춘발산마을'이다. 2015년 현대자동차그룹과 사회적 기업 공공프리즘은 광주광역시와 서구청, 기아자동차 광주공장, 광주창조경제혁신센터와 함께 실험적인 프로젝트를 시작했다. 광주광역시를 둘러싼 다양한 기관들과 거버넌스로서의 대안 마을을 모색한 결과다. 낙후된 발산마을을 변화시킬 방법으로 첫 번째 택한 것은 '컬러아트프로젝트'였다. 마을이 갖고 있던 색깔들을 재배치하고 아름다운 모습들을 드러내는 것이었다. 낡은 담벼락과 공터는 주민들의 참여로 젊은이들의 꿈을 응원하는 글귀와 다양한 벽화들로 채워졌다. "여전히 부족하지만, 나는 나의 열정을 쓰다듬어 준다." 이곳 청년들이 꾸던 꿈들이 글로 살아났으며, 발산마을은 체조 선수 양학선이 유년 시절을 보낸 곳이라는 것이 알려지며 더욱 화제가 되기도 했다. 이후 광주시 서구청에서 마을의 공가와 폐가를 한두 채씩 매입하기 시작했고 그 공간을 현대차의 예산 지원을 통해 리모델링했다. 커뮤니티 공간이 생기자 사람이 모였고, 사람이 모이자 활기가 돌기 시작했다. 발산마을에서 활동하고 싶어 하는 청년들은 점점 많아졌고, 몇몇 어르신들만 오가던 평상에 젊은이들의 웃음소리가 어우러지기 시작했다.

개선 사업에 주민들의 참여를 이끌어 내는 과정은 쉽지 않았다. 재개발을 원하는 마을 주민들은 지역 재생 사업에 반대하기도 했다. 수개월간 이들의 의견을 듣고 설득한 끝에 새로운 형태의 거버넌스는 발산마을 주민들을 새로운 커뮤니티의 주인공으로 만들었다. 지역의 변화는 수치로도 나타났다. 사업을 시작한 지 3년 만인 2018년, 청춘발산마을의 월간 평균 방문자 수는 150명에서 6000명으로 증가했고 발산마을의 고질적 문제였던 공실률도 약 36퍼센트 감소했다. 사업 시작 전에는 대부분 고령 인구로 구성되어 있던 입주 팀도 12개의 청년 입주팀이 더해지며 활기를 더했다.[30]

지금은 발산마을의 청년과 지역 주민들이 하나의 공동체를 이루고 있다. 함께 반상회를 열고 청년들의 공간에 어르신들을 초대하기도 한다. 청년이 운영하는 식당에서 개발한 음식들을 주민들에게 선보이고, '밥상공동체'라는 프로그램을 만들어 청년들이 지역 주민들의 집에 찾아가 함께 식사도 했다. 처음엔 청년들을 외부인으로 느끼던 어르신들이 이들을 받아들이며 하나의 공동체가 됐다. 현재 청춘발산마을엔 카페, 식당, 게스트하우스 등 다양한 가게들이 운영되고 소셜 미디어에서도 입소문을 탔다. 이처럼 기업과 아티스트 집단, 관, 주민이 함께하는 거버넌스를 통해 활기 넘치는 공동체 마을이 탄생했다.

대웅제약과 아름다운 재단, 꿈틀꿈틀 놀이터

신나게 놀고, 건강히 성장해야 하지만 놀이터의 시설이 부족해서 혹은 주변 시선이 부담스러워서 마음껏 놀지 못하는 아이들이 있다. 특히 장애 아동들에겐 좁은 계단, 좁은 도로, 좁은 화장실 등 공공 놀이터를 이용하기까지 제약이 많다. 2000년대 초반까지만 해도 전국의 6만 개 놀이터 중 장애인이 이용할 수 있는 놀이터는 10개도 안 됐다. 그러다 2006년, 대웅제약은 '무장애barrier-free 놀이터' 건립 사업을 시작했다. 하지만 놀이 시설물들의 구조가 단순하다는 점에서 비장애 아동이 뛰어노는 일반 놀이터만큼 대중적인 놀이터의 역할을 하진 못한다는 아쉬움이 있었다.

공공 공간에는 세 가지 장벽이 존재한다. '물리적 장벽'은 장애인이 사회에 참여하고 활동할 때 겪는 환경·물리적 방해다. '태도의 장벽'은 장애인의 사회 활동과 참여를 가로막는 사회적 편견, 차별 등이다. 마지막으로 '정보의 장벽'은 정보화 시대에 접어들며 이곳저곳에서 쏟아져 나오는 정보에 도달하기까지 겪는 어려움이다. 이 중 첫째, 물리적 장벽을 해소하고자 대웅제약은 '웃음이 있는 기금', 아름다운 재단은 '차별1% 기금'으로 장애물 없는 생활환경시민연대, 걷고싶은도시만들기시민연대 등과의 거버넌스를 통해 2015년 1월 국내 최초로 무장애 통합 놀이터인 '꿈틀꿈틀 놀이터'를 만들었다.[31]

처음 기획 단계에선 약 1년간 장애 아동과 비장애 아동이 놀이터에서 함께 노는 행동을 관찰하는 것부터 시작했다.

꿈틀꿈틀 놀이터 ⓒ아름다운재단

그 뒤엔 기존 놀이터와 무장애 놀이터를 구분하지 않는 독일의 놀이터들을 답사했고, 공개 세미나와 워크숍 등을 통해 학부모 의견을 반영하며 무장애 놀이터 디자인의 방향성을 설정했다. 그 결과 꿈틀꿈틀 놀이터엔 휠체어가 이동할 수 있도록 모래 대신 탄성 바닥재가 사용됐고 휠체어를 타고 즐길 수 있는 회전 놀이 기구와 안전벨트가 부착된 그네 등을 설치했다. 꿈틀꿈틀 놀이터는 현재 서울어린이대공원에 위치해 있다. 13개의 안전한 놀이 시설로 이뤄져 장애인과 비장애인 모두 불편함 없이 즐길 수 있는 첫 번째 놀이터가 됐다. 아름다운재단은 2016년 꿈틀꿈틀 놀이터를 만든 경험과 정보를 정리해 '무장애 통합 놀이터 매뉴얼'을 만들었고, 이어 2023년 엔 '무장애 실내놀이터 매뉴얼'을 제작했다. 재단은 실내놀이 터 건립과 무장애 놀이 키트 개발, 놀이 워크숍 등 무장애 놀 이를 위한 노력을 지속하고 있다. 이는 다른 지역의 놀이터 사 업에도 좋은 본보기가 됐으며 현재 경기 수원시, 제주시 등 전 국 곳곳에서 무장애 통합 놀이터가 생겨나는 추세다.

4 시민 침술 ; 누구보다 디테일한
도시 전문가

누군가는 '공공의 것'이 내가 할 수 있는, 혹은 내가 해야 할 영역의 것이 아니라고 생각할 수 있다. 그러나 내가 하는 일이 나뿐만 아니라 이웃과 사회를 위한 것이 된다면, 이는 구성원이 집단의 문제를 해결하는 진정한 의미의 공공디자인이다. 특히 지역 문제에 대한 개인의 자발적인 참여는 선진국의 표증이 되기도 한다. 이처럼 시민이 삶의 문제를 발견하고 주도적으로 그 해결책을 제시하는 것은 공공디자인의 '시민 침술'에 해당한다.

당사자의 힘

이민호 씨는 '화살표 청년'이라 불린다. 2011년 11월, 당시 23살이던 그는 우연히 버스 정류장 노선도에 방향 표시가 없는 것에 의문을 가졌다. 노선도엔 해당 정류장을 이용하는 사람들이 가야 할 방향은 고려하지 않은 채 정류장 이름만 줄줄이 나열되어 있었다. 방향 표시가 없으니 버스를 반대편 방향으로 탈 수도 있겠다는 생각이 들었다. 그는 말한다. "제가 '방향치'예요. 어렸을 때부터 버스를 역방향으로 탄 적이 많아 항상 노선도를 유심히 보곤 했어요. 그러다 보니 방향 표시가 없는 노선도가 눈에 많이 띄더군요."[32] 그는 직접 작은 빨간색 화살표 스티커를 사서 서울권 버스 정류장을 틈틈이 돌며 노선도에 스티커를 붙이기 시작했다. "스티커 한 장에 화살표 표시가 455개가 들어 있는데, 일곱 장에 800원이에요. 800원으로 서울 시민 1000만 명이 편리해진다니… 참 괜찮지 않나요?" 이민호 씨가 붙여 놓은 화살표 스티커 덕에 스마트폰을 사용하지 않는 사람들도 버스 방향을 파악할 수 있었고, 이후 서울시가 노선도 디자인을 개선하는 계기가 됐다.[33]

한 명의 시민이 도시민 전체의 삶에 변화를 일으키기도 하지만, 마을 전체가 힘을 모아 새로운 지역 사회를 만들기도 한다. 최근 리빙랩Living Lab이라는 이름으로 지역 주민들이 다양한 지역 문제를 풀어 나가는 프로젝트들이 많아지고 있다. 대표적으로 유럽리빙랩네트워크(ENoLL·European Network of Living Lab)는 유럽을 중심으로 400개가 넘는 공식 프로젝트를 진행하고 있다. 각 지역 사회의 문제를 홈페이지에 올려 함께 문제를 해결할 사람을 모으고, 다양한 분야에서 투자를 받는다. 리빙랩의 가장 큰 장점은 마을 사람들이 직접 참여하기 때문에 문제에 대한 이해도와 공감대가 매우 높다는 것이다. 이를 압축적으로 표현한 것이 바로 '거버넌스 시민 침술'이다.

우리나라에서도 비슷한 예를 찾을 수 있다. 1960년대 강원도 정선은 석탄 수요로 최대 부흥기를 맞았다. 석탄을 캐기 위해 다양한 기업이 들어왔고, 일자리를 찾아 광부들이 몰려들었다. 그러나 1980년대부터 대체 에너지·재생 에너지에 대한 논의가 증가하며 석탄 산업은 하향세에 접어들었고, 광산 주변 마을엔 사람이 살지 않는 공가가 늘었다. 거리는 관리되지 않고 쓰레기로 넘쳐나 음습한 모습이 되어 갔다.

이후 이곳 주변에 강원랜드가 들어선다는 소식이 퍼지며 마을 사람들은 활력이 생길 것을 기대했다. 그러나 수익금의 일부로 조성한 개발 기금은 도로 개선 등에 투자될 뿐 마을 주민들이 피부로 느낄 수 있는 혜택은 없었다. 김진용 마을호텔18번가 협동조합 상임 이사는 말한다. "주민들은 황당해 했고, 결국 '우리가 해야 되는구나, 우리가 나서지 않으면 동네가 바뀌지 않는구나'를 느꼈다. 주민이 직접 마을을 살려야겠다는 고민을 시작하며 도시 재생을 모색했다."[34]

고한마을 주민들은 함께 움직이기 시작했다. 가장 먼저 지저분한 도로와 골목길을 청소하자 거리가 조금씩 밝아졌고, 주민들의 인식도 달라지기 시작했다. 자진해서 자기 집 앞을 청소하고, 직접 가꾼 꽃 화분으로 단장했다. 폐허가 되어가던 고한 18리 산골 마을에서, 주민의 참여로 불과 1~2년 새 탄생한 예쁜 호텔이 바로 지금의 마을호텔18번가다.

마을호텔18번가는 골목 상점들을 하나로 모아 호텔처럼 운영한다. 민박집은 호텔의 객실이 되고, 중국집은 호텔의 식당, 마을 회관은 작은 컨벤션 센터가 됐다. 수직으로 높은 호텔이 아니라 일명 '누워 있는' 호텔이다. 높다란 건축물을 새로 짓거나 없던 가게를 창업한 것이 아니라, 마을에서 영업

중이던 상점들을 모아 여러 서비스를 편리하게 즐길 수 있는 호텔을 만든 것이다. 고한마을은 소규모 재생 사업에 선발되어 2018년 빈집 열 채를 단장할 수 있었다. 이듬해엔 노후 주택 열 채를 리모델링했고 꾸준히 단장한 결과 지금까지 30여 채가 새롭게 바뀌었다. 상가에 생기가 돌며 새로운 상점도 들어왔다. 사업 초기에는 주민들 간의 갈등과 시행착오도 있었지만 결국은 합심해 마을을 개선했다.

마을 전체를 호텔처럼 만들기 위해 주민들이 가장 중요하게 생각한 것은 호텔의 로비 역할을 담당하는 골목길을 꾸미고 단장하는 것이었다. 지역의 특산품인 야생화를 이용해 '고한 골목길 정원박람회'를 개최했다. 가드닝부터 사진전, 화분 만들기 체험, 돗자리 영화관, 야생화 음악회 등 프로그램 기획부터 실제 전시 및 행사 진행까지 모든 과정을 주민이 이끌었다.

지원만이 마을 개발의 답은 아니다. 마을호텔18번가는 주민들이 주체적으로 참여할 때 비로소 지속 가능한 마을 개발이 가능하다는 것을 보여 줬다. 기업이나 지역 행정이 중심이 될 경우 개발 사업은 지원이 끊기는 순간 그 수명을 다하지만, 해당 지역을 잘 이해하고 애정이 있는 주민이 참여할 경우 다양한 사업과 커뮤니티를 창출하고 이어나갈 동력이 커진다.

솔루션을 디자인하다

공공의 문제를 해결하기 위해 무엇보다 중요한 것은 시민의 관심이다. 공공디자인의 실제 수혜자가 바로 시민이기 때문이다. 시민이 적극적으로 참여할 때 다양한 곳에 숨어 있던 문제를 발견하고, 만족도 높은 결과를 도출할 수 있다. 많은 사람들은 '디자인'의 정의를 눈에 보이는 결과물로 한정해서 생각하지만, 공공디자인은 공공의 정책과 서비스를 만드는 기획, 의논, 합의 등 과정 전반에 디자인을 적용해 개인의 삶과 사회 문화적 가치를 향상시키는 움직임을 일컫는다. 즉, 각종 유무형의 정책과 서비스 등도 공공의 이익을 도모한다면 공공디자인에 해당한다.

지난 2014년 출범한 행정안전부 산하 국민디자인단은 정책과 공공 서비스를 디자인할 때 국민의 참여를 독려하고 있다. 의제 설정, 정책 결정과 집행, 평가와 피드백 등 정책 과정 전반에 공무원, 국민, 그리고 서비스 디자이너가 함께 참여한다. 디자인적 사고design thinking의 방법론으로 공공 서비스를 개발하고 개선하고 있다.[35] 2020년까지 국민 정책 디자인을 통해 추진된 과제는 누적 1491개에 이른다.

광주 광산구 건강 약자 병원 동행 '휴블런스'도 이러한 국민디자인단의 손에서 탄생했다. 휴블런스는 휴먼human과 앰뷸런스ambulance의 합성어로 노인, 만성질환자, 아동 등 지속적으로 병원 진료가 필요하지만 가족의 돌봄이 부족한 시민을 대상으로 진행하는 공공 병원 동행 서비스다. 간호 전문 경력을 가진 동행 매니저가 시민의 집을 찾아가 병원 이동부터 접수, 진료, 검사, 약국 처방, 귀가까지 모든 과정을 함께하면서 필요한 치료를 제때 받을 수 있도록 지원한다.[36] 또 경력 단절 인력을 동행 매니저로 양성하고 서비스에 투입함으로써 지역 일자리 창출에도 기여한다. 1인 가구가 증가하고 초고령화 시대에 접어들며 돌봄을 책임질 가족이 없거나, 가족이 있어도 병원 동행이 어려운 건강 약자를 위한 복지 안전망이 시민 침술에 의해 만들어진 것이다.

한국도로공사 또한 "국민이 바라는 대로大路"라는 모토로 고객디자인단을 운영하며 국민의 아이디어를 고속도로 디자인 정책에 반영하고 있다. 매년 약 6개월간 지원자의 전문성과 연령, 주거 지역 등을 고려해 고속도로 공공디자인에 관심 있는 국민을 선발하고 있다. 이렇게 위촉된 고객디자인단은 현장 조사와 워크숍 등을 거쳐 아이디어를 발굴하고, 고속도로에 반영할 수 있는 솔루션을 제안한다. 한국도로공사는 여기서 나온 아이디어 중 우수한 아이디어를 선별해 실제 고속도로 공공디자인에 적용한다.

그렇게 2016년 1월, 용인시 수지구 환승 정류장이 탄생했다. 기존 용인시 주민들은 다른 지역으로 이동할 때 우선 서울로 진입했다가 다른 고속버스나 관광버스로 갈아타야 했다. 비효율적인 동선과 주민의 불편을 해결하고자, 경부고속도로의 한 지점에 고속도로-대중교통를 연계하는 환승 시설을 만들었다. 이름은 'EX-허브'로, 고속도로expressway와 교통의 중심인 허브hub의 합성어다. 고속도로에서 바로 동천역을 통해 지하철 신분당선을 이용하거나 시내버스 또는 시외버스를 갈아탈 수 있게 됐다. 그뿐 아니라 나들목까지 가지 않아도 통학·통근용 셔틀버스를 탈 수 있게 됐다.[37] 한국도로공사는 이러한 EX-허브를 비롯해 국민 참여형 디자인 정책을 수행한 공로로 2022년 대한민국 공공디자인대상에서 대상을 수상했다.

이 공공디자인의 가장 큰 수혜자는 고속도로와 인접한 생활권 내 주민들이다. 불필요하게 시간을 소모하고 공간을 이동하던 환승 여정의 간소화를 통해 시민들의 이동 편이를 극대화했다. 현재 EX-허브는 전국 대표 고속도로를 중심으로 빠르게 건설되고 있다. 수도권 제1순환도로에 가천대 정류장, 시흥 하늘휴게소 정류장이 들어섰으며 경부고속도로에는 동천·죽전 정류장과 옥천나들목 정류장, 남해고속도로엔 섬진강휴게소 정류장이 있다. 이외에도 EX-허브는 영동고속도로, 인천국제공항고속도로, 경인고속도로 등에도 설치 예정이다.

아이들이 바라본 도시

1989년 제정된 유엔아동권리협약(CRC·Convention on the Rights of the Child)[38]은 2조 '아동의 차별받지 않을 권리'에서 성별, 인종, 피부색, 언어, 종교, 경제력, 신체 조건 등에 상관없이 모든 아동이 동등한 권리를 누려야 함을 다룬다. 아동 복지 전문 기관 초록우산어린이재단은 지난 2019년 유엔아동권리협약 채택 30주년을 맞이하여, 지역 사회 곳곳에 있는 아동 차별적인 요소를 점검하고 개선하고자 '별의별 차별이야기' 캠페인을 진행했다. 전국 354명의 아이들로 구성된 '별의별 탐험대'는 그해 9월부터 두 달간 자신이 살고 있는 지역 사회 곳곳을 자신의 눈으로 살폈다. 관공서, 대중교통, 상업 시설, 놀이 시설, 교육 기관 등 165곳을 탐험하며 공공시설들에서 보이는 차별 요소들을 점검하고 사진으로 기록했다. 어린이들이 찾아낸 '별의별 차별이야기'다.

　　어른들을 기준으로 만들어진 세상은 아이들에게 버거울 때가 많다. 공중화장실이나 대중교통, 여가·놀이·문화 공간, 학교 등은 어린이들이 가장 많은 불편을 느끼는 공공장소였다. 특히 화장실에선 까치발을 해도 가방걸이와 옷걸이는 너무 높았고, 외투를 손에 들고 볼일을 보는 경우가 잦았다.[39] 또 지하철 게이트의 차단봉은 너무 높고, 에스컬레이터의 손잡이는 손을 뻗어도 닿지 않는다. 마트에서 어린이 물품 코너에 가도 높이 진열된 탓에 원하는 물건을 꺼내기 어렵다. 이처럼 어른을 기준으로 한 시설들은 어린이에겐 위험과 차별이 서린 시설이다.

이에, 별의별 탐험대는 전국 아동이 불편을 느끼는 시설들을 찍은 사진을 모아 〈낮은 사진전〉을 개최했다. "우리나라에는 어른들만 살고 있는 게 아니에요. 아동들도 살고 있다는 것을 기억해 주세요. 조금 더 아이들의 눈높이에서 바라봐 주세요."[40] 이는 우리 사회가 얼마나 어른 중심으로 구성돼 있는지, 그 때문에 어린들이 얼마나 큰 불편을 겪는지를 알리는 계기가 됐다. 아동들이 도시의 디자인에 직접 의문을 제기함으로써 그들 또한 우리 사회의 중요한 구성원이라는 점을 일깨워 준 시민 침술이다.

5

배려 침술 ; 모든 디자인의
원점은 배려다

도시는 발전하며 언제나 새로운 요구를 마주한다. 최근 들어 시민의 불편을 관찰하고 그것을 해결하는 디자인을 마련해 임시적 설치와 사용을 통해 수정·보완하는 사례가 늘고 있다. 이렇게 관이 주도적으로 시민의 일상과 밀접한 부분들을 살피고, 지금의 편의와 라이프 스타일에 맞춰 선제적으로 고안한 공공디자인을 배려 침술이라 한다. 최근 새로이 등장한 공공디자인의 한 형태로, 보행자 중심 거리를 조성하고 이해하기 쉬운 표지판을 설치하는 것, 야간에 눈부심 없는 조명을 세우고 사회적 약자를 위한 시설을 고민하는 것 등이 여기 해당한다.

머물 수 있는 거리

서초구의 사거리 그늘막

햇볕이 따가운 여름날, 횡단보도 앞에서 만난 그늘막은 언제고 반갑다. 2015년 6월 서울시 서초구는 '서리풀원두막'이라는 고정식 그늘막을 두 곳에 설치했다. 뜨거운 햇볕 아래 땀을 흘리며 교통 신호를 기다리는 사람들을 위해 잠시 쉬어갈 수 있는 그늘을 만들어 주자는 조그만 배려에서 시작된 아이디어다. 서초구는 1년간 시범 운영을 거치며 자외선 차단 효과, 안전성, 디자인 등의 요소를 보완했고 시민들의 긍정적인 반응에 이를 서초구 전역에 확대 설치했다.

시행 초기에는 도로법상 적합 여부 논란도 있었다. 시민이 거니는 인도 위에 세운 탓이다. 그러나 서리풀원두막은 이내 도로의 부속 시설물로 지정됐고, 2019년 행정안전부 '폭염 대비 그늘막 설치·관리 지침'의 모델이 되며 전국으로 확산했다.[41] 이 디자인은 주민 생활 속 불편을 덜어 주는 생활 밀착형 행정이란 높은 평가를 받았고, 친환경 비영리 단체 환경상인 그린월드어워즈The Green World Awards 은상과 2018년 대한민국 공공디자인대상에서 대상을 수상했다.

요즘엔 그늘막의 변형·발전된 형태도 종종 보인다. 지난 2021년 10월 오후 상수역 횡단보도 그늘막 철제 살들에 우산 두 개가 걸린 것을 보았다. 오전에 비가 올 때 사용했던 우산들로 보였다. 비가 그쳐 필요가 없어지니, 거기에 걸어 놓은 것이다. 혹시라도 필요한 사람이 가져가라는 마음이다. 도시가 공공디자인으로 시민을 배려하니, 시민들도 자기가 사용하지 않는 우산을 타인이 사용할 수 있도록 배려하는 것을 느꼈다. 도로 위 그늘막에서 드러난 배려 침술은, 시민들의 불편을 해소하는 것은 물론 서로를 돕는 따뜻한 도시에 살고 있다는 감각을 선물해 준다.

신호를 기다리는 장수의자

경기 남양주경찰서 교통관리계장이었던 유창훈 경찰은 횡단보도에서 어르신들의 사고가 유난히 자주 발생하는 이유가 궁금했다. 관찰 결과, 어르신들이 서서 신호를 기다리다가 무릎이 아파 그 고통을 참지 못하게 되면 무단 횡단을 한다는 것을 알게 됐다. 그는 신호를 기다리는 시간 동안 사람들이 앉을 수 있으면서도 평상시 다른 시민들의 통행에 방해되지 않는 간단한 접이식 의자를 스스로 스케치했다. 이후 의자를 제작할 수 있는 공장을 직접 수소문한 결과 창대시스템이라는 회사를 알게 됐다. 그는 회사에 개발 비용은 지불하기 어려우나 특허권을 제공할 시 제작이 가능한지 문의했고, 창대시스템은 이를 수락했다. 완성품이 만들어지는 데까진 약 5개월이 걸렸다. 어르신들이 안전하게 오래 사시길 바라는 마음을 담아 '장수의자'라 이름을 지었다.

그는 사비로 장수의자 60개를 200만 원에 구매했다. 2018년 5월, 남양주시 별내동 지역에 어르신 사망 사고가 발생한 곳을 중심으로 편의 시설이 집중된 주요 교차로에 장수의자를 설치했다. 행정 기관의 사전 허가를 받자니 '족보가 없는 시설물은 설치하지 말라'는 답변이 올 것 같았다. 그는 우선 의자 설치가 불법은 아니니, 철수할 근거가 마련되기 전까지는 자신이 책임진다는 생각으로 장수의자를 설치했다.[42]

장수의자 ⓒ경찰청 공식 블로그

장수의자 설치 후 철수 요청이 들어오기는커녕 별내 신도시에서 어르신 보행 사고 소식은 자취를 감췄고, 장수의자는 2022년 8월 기준 60개 지역에 2500여 개가 설치되는 등 전국적으로 확대됐다. 경찰 한 명의 아이디어로 공공 문제를 해결한 장수의자는 2022 대한민국 공공디자인대상 사업 부문 특별상으로 선정됐다.

아이코닉 쉼터

스트리트 코너와 트하베흐세

2020년 프랑스 마르세유Marseille 시내 중심가 사거리에 노란색 큐브를 쌓아 올린 듯한 철제 구조물이 생겼다. 이 구조물을 만든 곳은 꺄바농벡띠꺌Le Cabanon Vertical이라는 공공시설물 창작 단체로, 이들은 평범한 도시 시설물을 실용적인 동시에 독특한 형태로 디자인해 공간에 활력을 불어넣어 왔다.

꺄바농은 유럽 노마드 비엔날레The European Nomadic Biennial 마니페스타Manifesta의 개최지가 된 마르세유를 상징하는 임시 건축물을 의뢰받았다. 그들은 디자인 작업에 앞서 사거리를 관찰했다. 주민들의 사거리에 대한 불만과 바람을 적은 감성 지도emotional map를 만들어 주민들도 이 프로젝트의 일원으로 참여할 수 있도록 했다. 이 과정에서 그들은 마르세유의 사거리는 상업 시설 말고는 쉴 곳이 없고 식물이 적어 삭막하다는 점을 발견했다. 이를 해결하고자 만든 것이 바로 시민들이 잠시 쉬어갈 수 있는 상징 조형물인 스트리트 코너Street Corner다. 각기 다른 높이로 쌓은 노란색 큐브들 사이에 나무를 배치하고, 그 옆에 사람들이 앉을 수 있는 공간을 마련했다. 설치를 진행하는 동안에도 지나가던 몇몇 시민들은 그 위에 앉아 한참을 쉬기도 했다.

많은 사람들의 쉼터가 된 스트리트 코너는 비엔날레 기간 동안의 임시 상징물로 시작됐으나, 비엔날레가 종료한 이후 마르세유 현대 미술 담당 부서에 기증돼 그 공간에 영구적으로 남게 됐다. 도심 속 사용되지 않던 작은 공간에 숨을 불어넣고, 새로운 풍경을 선사함으로써 시민들과 함께하는 배

스트리트 코너 ⒸGilles Gerbaud

려의 공공디자인을 만들어 냈다.[43]

    널따란 강을 가로지르는 기다란 다리도 때때로 쉼과 놀이의 공간이 된다. 1955년 프랑스 루앙Rouen시는 길이가 300미터에 이르는 부알디유 다리Pont Boieldieu를 재정비하며 3미터 너비의 보행로를 조성했다. 그러나 이후 2019년, 친환경적인 이동 방법을 연구하던 도시지리학자 스테판 말렉Stéphane Malek과 소냐 라바디노Sonia Lavadinho는 부알디유의 넓은 보행로가 도보로 걷기엔 지나치게 길고 지루한 공간이라고 판단했다. 이들은 까바농 측에 다리의 보행로를 활성화하는 방안을 의

부알디유 다리의 트하베흐세 ⓒGi

뢰했고, 꺄바농은 트하베흐세Traversée라는 커다란 구조물을 디자인했다.

트하베흐세는 한국어로 '횡단'을 의미한다. 이 구조물은 다리 뒤로 펼쳐진 산의 형상을 따 만든 것으로, 보행자들은 구조물을 오르내리며 주변 풍경을 역동적으로 감상할 수 있다. 푸르른 하늘과 진녹색의 강 사이에 생기를 더하는 빨간 벤치에 앉아 다리 위에 머무르는 경험도 할 수 있다. 꺄바농은 다리 한가운데에 작은 쉼터 역할을 하는 하이브리드 공간을 만들어 평범한 다리 횡단을 하는 보행자들에게 특별한 경험을 선물해 줬다. 현재 트하베흐세는 루앙시의 공공 예술 작품으로 등록돼 있다.

땅을 디자인하다

알록달록 유도선

자칫 방향을 헷갈리기 쉬운 고속도로 갈림길에서 알록달록한 안내선을 만나면 너무나 반갑다. 내비게이션의 도움에도 긴장을 놓을 수 없는 상황이지만 분홍색, 초록색 유도선만 따라가면 길을 잃을 걱정이 없기 때문이다. 이들은 바로 고속도로 위 노면 색깔 유도선Safety Lane이다. 소위 '길치의 축복'이라고도 불리는 이 노면 색깔 유도선은 고속도로를 넘어 복잡한 도심 도로에도 모두 적용되고 있다. 이는 다른 나라의 전례가 없는 한국 최초의 배려 침술로, 대표적인 고속도로 공공디자인으로서 전 세계에 빠르게 퍼져 나가고 있다.

　노면 색깔 유도선의 시작은 고속도로 갈림길 사고를 줄이기 위한 한국도로공사 윤석덕 설계차장의 고민에서 출발했다. 고속도로에 칠할 수 있는 색은 법적 제한이 있다. 중앙 분리대는 노란색, 일반 차선은 흰색, 하이패스는 청색, 그리고 규제는 적색. 이 네 가지 색을 벗어난 색상을 사용하면 도로교통법 위반에 해당한다. 그러나 규제의 차원을 넘어 윤석덕 차장은 교통사고로 돌아가신 분들을 기리고 시민들의 안전을 책임진다는 생각으로 실현 가능한 해결책을 고민했다. 수소문한 결과, 2012년 5월 인천지방경찰청의 교통 제한 승인과 협조로 분홍색 선과 초록색 선이 탄생했다. 그전까지는 안산 분기점에서 연간 30여 건의 사고가 발생했는데, 노면 색깔 유도선을 그린 이후 발생한 사고는 연간 3건으로 대폭 감소했다. 이 효과를 인지한 한국도로공사는 2014년 관련규정을 수정해 색깔 유도선을 제도화했다. 그 결과 2017년 색깔 유도선을 설치한 전국 76개의 고속도로를 분석한 결과 교차로 교통사고는 27퍼센트 줄었다. 한국도로공사의 배려 침술이, 시민 안전을 증진하는 드라마틱한 효과를 낳은 것이다.[44]

바닥에서 비추는 신호등

대학생 시절 나는 학교 15층 높이에서 운동장에서 학생들이 축구하는 모습을 내려다본 적이 있다. 마침 한 학생이 골을 넣었는데, 멀리서 본 탓에 그 장면을 잠깐 놓쳤다. 그 순간 나는 TV를 보고 있다고 착각해 잠시 확대 화면이 재생되길 기다렸다.

이처럼 우리는 현실과 가상을 혼동하며 살기도 한다. 디지털 전환digital transformation이 가속화되며 이런 현상은 더욱 빈번해지고 있다. 스몸비Smombie란 말도 생겼다. 스마트폰

smartphone과 좀비zombie의 합성어로, 보행 중 스마트폰을 사용해 주변 인식력이 약화돼 누군가와 부딪치거나 넘어지는 사고가 흔히 일어난 탓에 생겨난 말이다.

교통안전공단의 분석 결과 스마트폰을 보며 길을 걸을 때 우리의 시야 폭은 56퍼센트 감소하고, 전방 주시율은 85 퍼센트가 떨어진다. 또한 보행자가 일반적으로 소리를 듣고 인지하는 거리는 14.4미터이지만 이는 문자 메시지를 보낼 때는 7.2미터, 음악을 들을 때는 5.5미터로 확 줄어든다.[45] 거리에서 음악을 듣거나 스마트 기기를 보는 행위는 우리에게 일상적 위험으로 자리 잡았고, 특히 차도를 건너는 횡단보도에서는 대형 사고로 이어질 가능성이 높다.

실제로 독일 아우크스부르크Augsburg시에 살던 한 청년이 헤드폰을 착용하고 길을 걷다 다가오는 트램에 치이는 사고를 당하며 사회적인 문제로 부각됐다. 이후 2016년, 아우크스부르크시는 이러한 사고를 막고자 바닥에 고양이 눈 모양의 신호등을 설치했다. 트램이 다가올 때면 이 고양이 눈 모양의 신호등이 바닥에서 빨간색으로 깜박이는 것이다.

지금 많은 나라들이 설치한 선형 바닥 신호등이 최초로 만들어진 것은 2017년 네덜란드 보데그라벤Bodegraven시에서였다. 횡단보도의 신호가 바뀌길 기다리며 스마트폰에 시선을 집중하고 있다가도, 바닥 LED 조명을 통해 신호가 바뀌었다는 것을 인지하게 하는 배려 침술이다. 싱가포르에서도 지난 2017년 바닥 신호등을 도입했고, 우리나라 또한 2018년 시범 운영을 거쳐 전국에 바닥 LED 신호등을 설치하고 있다. 바닥 신호등은 스몸비족에게 보다 명확히 신호를 알릴 뿐만 아니라, 일반 보행자들 입장에서 반대편에 위치한 신호등이 커다란 물체에 가려져 보기 어려운 경우에도 유용하다는 평가를 받는다. 또 운전자 입장에서도 비가 오거나 어두운 날, 차도와 횡단보도를 명확히 구별하게 해준다는 장점이 있다. 한국교통안전공단 조사에 따르면 2018년 서울, 용인, 수원 등 6개 지역에 바닥형 신호등을 설치한 이후 교통 신호 준수율은 90퍼센트대로 급증했다.

괄호라인 프로젝트

버스 정류장에서 시민들이 질서 있게 줄을 서 있는 모습을 종종 발견한다. 그런데 이 질서정연한 모습이 오히려 다른 문제를 일으키는 경우가 있다. 인도의 수직 방향으로 길게 서 있어, 지나가는 사람들에게 방해가 되는 것이다. 그들은 자신이 누군가의 통행로를 막고 있다는 것을 인지하지 못하고, 지나가던 사람들이 자신들을 툭 건드리고 지나갈 때 기분이 상하기도 한다. 비슷한 상황은 출퇴근 시간 지하철 승강장에서도 늘 발생한다.

괄호라인 프로젝트 ⓒLOUD.

2016년 광화문빌딩 버스 정류소에 이러한 문제를 해결하고자 '괄호라인 프로젝트' 버스 대기선을 만들었다.[46] 서울시와 공공소통연구소 라우드LOUD 이종혁 교수가 함께했다. 흰 괄호와 작은 삼각형 화살표를 활용해 사람들이 줄로 막고 있던 길에서 보행자들이 지나다닐 수 있는 공간을 만들었다. 단순한 기호지만 버스를 기다리는 사람들은 자연스럽게 앞사람과 떨어져 있어도 줄을 설 수 있다는 것을 알게 됐고, 줄 사이 빈 공간이 생기며 자연스럽게 다른 시민들이 다닐 수 있는 길을 열어 주게 됐다. 기다리는 사람들에게도, 행인들에게도 공존의 불편을 덜어 준 단돈 1000원의 배려 침술이다.[47]

6

방지 침술 ; 예방하는 도시는
남다르다

코로나19는 전 세계적으로 안전에 대한 요구가 급증하는 계기가 됐다. 안전은 우리가 도시에서 살아가는 데 있어서 가장 기본적이고 기초적인 요구이며, 다른 활동들을 이어갈 수 있는 근간이다. 이처럼 도시의 여러 가지 위험으로부터 안전을 지키는 방지 침술이 주목받고 있다. 방지 침술은 사고에 대한 안전과 예방에 중점을 둔 공공디자인으로, 범죄가 지속되거나 발생할 수 있는 지역에 특화됐다.

셉테드(CPTED·Crime Prevention Through Environmental Design)라는 개념 또한 방지 침술의 일환으로 탄생했다. 셉테드는 도시 환경의 위험 요인을 줄이고 잠재적 범죄를 예방하는 디자인으로, 1971년 레이 제프리Ray Jeffery가 범죄 예방 설계 기법을 세우며 처음 사용한 용어다. 범죄는 '동기를 가진 범죄자', '취약한 대상', '환경'이라는 세 요소가 갖춰질 때 발생한다. 한국셉테드학회는 셉테드의 세 가지 핵심을 감시, 접근 통제, 공동체 강화로 둔다. 범죄 예방 디자인은 사고 발생율을 낮추는 것은 물론 주민의 불안감을 저감하고 지역 사회의 공동체를 활성화하는 데도 중요한 역할을 한다.

산책을 부르는 골목길

골목길은 지역 사회의 곳곳을 연결한다. 안심하고 거닐 수 있는 골목이 많아질 때 만남이 발생하고 도시 곳곳엔 활기가 돈다. 서울특별시는 2012년 마포구 염리동을 대상으로 셉테드 개념을 적용한 생활 안심 디자인을 시행했다. '소금길'이라는 이름의 이 골목길은 범죄의 사후 관리보다 사전 예방에 집중했다. 지역의 공공디자인을 통해 범죄자의 심리를 위축시키는 목적으로 전문가, 공무원, 경찰과 함께 실제 주민이 직접 참여하는 거버넌스로 진행됐다.

그 결과 소금길엔 산책 코스와 운동 기구가 놓인 쉼터가 생겼다. 혹시 모를 범죄 현장을 자연 감시하는 역할을 한다. 전신주는 노란색으로 밝게 칠하고, 각 전신주의 고유 번호를 라이팅 박스로 만들어 긴급 상황에 처한 보행자가 위치를 신고하기 쉽도록 했다. 범죄 예방 비상벨도 설치했으며 '지킴이집'으로 자원한 집의 현관을 노란색 대문과 바닥 그래픽으로 표시했다. 누군가 위험에 처했을 때 잠시 몸을 피하거나 빠르게 도움을 요청할 수 있도록 한 것이다. 사업이 진행된 이후 염리동 주민의 78.6퍼센트가 이 디자인이 범죄 예방에 효과가 있다고 답했다. 뿐만 아니라 마을에 대한 애착이 13.8퍼센트, 이웃과의 관계가 42.3퍼센트 늘었다고 답했다. 염리동의 방지 침술은 범죄 예방의 실효성을 입증했을 뿐 아니라 지역 공동체 개선의 효과까지 불러일으켰다. 이를 토대로 2016년 서울시는 '서울특별시 범죄예방을 위한 도시 환경디자인 조례안'을 제정해 염리동에서의 첫 사업 이후 현재까지 67개 지역에 범죄 예방 디자인을 시행했다.

빈민촌에서 커뮤니티로

덴마크의 뇌레브로Nørrebro 지역은 코펜하겐에서 가장 범죄율
이 높았던 곳이다. 지난 19세기 처음 주거지가 형성된 이래로
200년 동안 각종 시위와 무력 충돌이 촉발됐으며 60개 이상
국적의 저소득층 사람들이 모여 산다. 1960년대에는 파키스
탄과 모로코 등에서 노동자가 이주했고, 이후 1980년대에는
이라크, 이란, 레바논 출신의 난민도 유입됐다. 그 결과 주민
7만 명 중 이민자 또는 이민 2세대인 인구가 무려 28퍼센트
에 이른다. 이 지역이 슬럼화된 가장 큰 이유는 폭력 단체 활
동과 사회적 결속력 결여뿐 아니라 만연한 범죄로 인해 '빈민
촌'이란 인식이 팽배해진 것도 있다.

　　　이에 덴마크 정부는 방치된 부지를 공원으로 정비하는
도시 재생 사업을 발족했다. 공공시설에 지역의 색을 입혀 주
민들이 수준 높은 디자인을 경험할 수 있도록 하고, 안전하다
는 인상을 줌으로써 동네의 사회 문화적 결속을 증진하는 것
이 최종 목표였다. 공모전을 통해 선정된 회사는 모험적이고
진취적인 디자인으로 유명한 덴마크 건축 회사 비야케잉겔스
그룹(BIG · Bjarke Ingels Group), 각 지역의 맥락을 녹여 내는 작
업으로 유명한 독일 조경 업체 토포텍원TOPOTEK1, 덴마크 예

술가 그룹 수페르플렉스SUPERFLEX였다.

이들이 합작해 조성한 곳이 바로 수페르킬렌Superkilen 공원이다. 수페르킬렌에서 가장 눈에 띄는 공간은 문화 활동과 운동을 즐길 수 있는 붉은 광장Red Square이다. 이름 그대로 바닥이 온통 붉은색이다. 붉은 광장 입구에는 뇌레브로 지역 스포츠 센터이자 커뮤니티 공간 뇌레브로 홀Nørrebrohallen이 마련돼 있으며, 빨간 바닥재 위로 태국에서 온 야외 무에타이 링, 놀이터 등의 놀이 시설이 있다.

안으로 좀 더 들어가면 공원이라고 부르기 낯선 공간이 나타난다. 검은 아스팔트 위에 하얀 세로 등고선이 그려진 검은 광장Black Market이다. 이 흰 등고선은 덴마크 감독 라스 폰 트리에Lars von Trier가 연출한 영화 〈도그빌Dogville〉에서 영감을 얻은 요소라고 한다. 검은 광장에서 주민이 더 활발히 활동하고 교류할 수 있도록 바닥에서부터 역동성을 추가한 것이다. 검은 광장은 도시의 거실 역할을 하도록 설계됐고 다양한 문화권을 보여 주는 여러 소품들이 마련돼 있다. 아르헨티나에서 온 바베큐 틀, 모로코에서 온 별 모양 분수, 불가리아에서 온 체스 테이블 등은 지나가는 행인의 이목을 끌고 그들이 좀 더 이곳에 머물도록 유도한다. 특히 인기 있는 소품은 일본에서 온 문어 미끄럼틀이다. 아이들은 자유롭게 무리 지어 문어 미끄럼틀에서 놀고, 사람들은 주변 분수에 앉아 담소를 나누고 햇살을 즐긴다.

가장 넓은 구역은 녹색 공원Green Park이다. 이름 그대로 넓은 녹지를 조성한 곳으로, 우리가 생각하는 전형적인 공원 모습에 가장 가깝다. 맛있는 도시락을 챙겨 소풍을 가거나 가볍게 산책하기 좋도록 조성했다. 아프가니스탄의 카불에서 가져온 그네, 아르메니아산 피크닉 테이블, 아프리칸 스타일의 바베큐 틀과 스페인 탁구대가 마련돼 있다. 녹색 공원이 가장 크게 지어진 배경엔 주민들의 요구가 있었다. 사람들은 특별한 기구나 조형물이 없더라도 평범한 녹지 그 자체에 대한 갈망이 있었고, 코펜하겐 공공디자인팀은 이 요구에 맞춰 녹색 공원을 더욱 여유 있게 확보했다.

"이 공원에 설치할 소품을 당신의 고향에서 가져올 수 있다면 무엇을 가져오고 싶은가요?" 주민의 화합을 목표로 한다면, 공원의 핵심은 그곳을 주민이 원하는 공간으로 꾸미는 것이다. 설계팀은 지역 주민들의 출신 국가 62개국에서 108개 소품을 선정했다. 덴마크 안전 기준에 맞지 않아 수입이 어려운 소품은 현장 사진을 토대로 직접 제작했다. 인기 높은 문어 미끄럼틀도 일본 기술자가 꼬박 한 달 동안 코펜하겐에 머물며 직접 제작한 것이다. 수페르플렉스는 여기서 더 나아가 극단적 참여Participation Extreme라는 캠페인을 벌였다. 5개국 출신 주민과 동행해 그들의 고향을 찾아가 수페르킬렌 공원으로 가져오고 싶은 시설물들을 고르도록 했다. 팔레스타인 이민 2세대인 10대 소녀 히바Hiba와 알라Alaa는 수페르플렉스 팀과 난생처음 중동 땅을 밟았다. 두 소녀는 동부 예루살렘과 팔레스타인 서안, 시리아 국경 인근에서 흙을 가져와 검은 광장 언덕을 만들 때 그 위에 뿌렸다. 팔레스타인에서 실려 온 붉은 흙은 시간이 지나며 원래 있던 토양과 뒤섞였고, 이는 이민자를 덴마크 사회의 이웃으로 동화하는 수페르킬렌 프로젝트의 지향점을 상징적으로 보여 줬다.[48]

지역 주민의 깊숙한 개입 덕분에 수페르킬렌은 주민들의 자랑스러운 공원으로 자리 잡게 됐다. 빈민촌으로 비치던 과거가 무색하게, 이제 이곳은 코펜하겐 시민 누구나 방문하는 유명한 공원이 됐다. 2012년 완공 이후 뇌레브로의 수많은 지역 행사가 이곳에서 개최됐다. 아름답고 이국적인 풍경 때문에 광고 촬영지로도 유명해졌다. 범죄로 인해 공원의 동서로 분리되던 이웃들은 밝은 공원을 중심으로 밤낮 가리지 않고 교류하기 시작했고, 범죄는 자연스레 자취를 감췄다. 주민들이 주인 의식을 갖고 공원을 이용하니 공원이 훼손되는 일도 거의 일어나지 않는다. 수페르킬렌은 이 지역에 거주하는 다양한 종교 및 민족 그룹의 통합을 추진한 공로를 인정받아 2016 아가 칸 어워드Aga Khan Award를 수상했다. 2013년 런던 디자인 박물관에 '올해의 디자인' 후보에 올랐으며,

수페르킬렌 공원 ⓒSuperflex

2013년 세계 3대 디자인 어워드 중 하나인 독일의 레드 닷 어워드Red Dot Awared에서 디자인 부문 최고상 '베스트 오브 베스트best of best'를 수상한 바 있다.

서브컬처를 투어리즘으로

베스트블락 스케이트 파크Westblaak Skate Park는 로테르담 도시 중심부에 있는 독특한 공공 스케이트 공원이다. 이곳은 본래 산책을 위한 공원으로, 면적이 넓다는 장점에도 불구하고 양쪽

베스트블락 스케이트 파크 ⓒWestblaak

측면이 차도로 갇혀 있어 활용도가 좋진 않았다. 비행 청소년
들이 가끔 모이거나, 스케이트보드 혹은 일명 묘기용 자전거
로 불리는 BMX(Bicycle Motocross)를 타는 사람들이 벤치나
난간을 이용해 노는 것이 전부였다. 그들의 묘기가 위협으로
느껴진 아이나 어르신들은 더욱 이 공원에서 발길이 멀어질
수밖에 없었다. 로테르담 시의회는 이러한 문제를 역발상으
로 해결했다. 산책이 아닌 스케이트보딩을 위한 역동적인 공
원으로 조성한 것이다. 그렇게 이 산책로는 스케이트보드와
BMX를 즐길 수 있는 공원으로 재탄생했다.

　　2012년 겨울, 스테인리스 스틸 구조물의 수명이 다해 교체할 시점이 왔다. 당시 이곳에 보다 전문적으로 설계한 스케이트보딩 공간이 필요하다는 의견이 제기됐다. 이에 로테르담 시의회는 스케이트보드 선수였던 얀네 사리오Janne Saario 와 함께 베스트블락 스케이트 파크 재정비 작업에 착수했다. 프로젝트 전 과정은 다양한 스케이터 그룹과의 거버넌스를 통해 이뤄졌다. 그들의 협력과 조언을 받아 피루엣Pirouette[49] 공중 곡예를 위한 11개의 구역을 계획했으며 하프 파이프half pipe, 미니 램프mini ramp 등 사용자에게 적극적으로 활용될 수 있는 디자인을 도입했다. 새 계획의 핵심은 전문적인 스케이트 파크를 만들되 주변 경관과 조화를 이루고, 다양한 사용자 그룹의 요구를 충족시키는 것이었다.[50]

스케이트 파크 조성 후 이 어둡던 공원은 유럽에서 가장 크고 인기 있는 보더 경연장이 됐다. 주말이면 유럽의 보더들은 자신의 실력을 뽐내기 위해 이곳에 모이고, 로테르담 시민들은 이들의 묘기를 구경하고자 이곳에 모여든다. 사고가 발생하던 공원의 문제를 문제로 대하지 않고, 공원의 주요 사용자층이던 청년 보더들과의 거버넌스로 공원을 개선한 결과다.

도로를 마당처럼 쓰는 법

네덜란드 델프트Delft시의 주민들은 지난 1968년부터 좁은 도로에서 발생하는 어린이 교통사고를 막고자 자발적 캠페인을 시작했다. 도로에 화분을 놓거나 나무를 심어 차량 속도를 줄이는 등 도로의 물리적 환경에 변화를 줬다. 차량이 독점하던 도로를 생활과 사람을 중심에 둔 보행 환경으로 바꾸고자 진행한 보너르프Woonerf 프로젝트다.

보너르프는 삶의 마당living yard이란 뜻으로, 보행자를 우선시한 보차 공존 도로를 지칭한다. 이면 도로나 간선 도로 등 중앙선이 확실히 구분되지 않은 도로를 보행자의 안전 위주로 개선한 도로이다. 보차 공존 도로에서는 자전거, 자동차 등이 보행자의 보폭과 속도에 맞춰 움직일 수밖에 없다. 자동차의 통행이 불가능하진 않지만 불편하게 함으로써 차량 통행을 제한하고 주의 깊은 주행을 유도한다. 그 결과 해당 도로에 진입하는 차량 수는 점점 줄어들었고, 이 캠페인은 이후 델프트 공과대학과 델프트시가 함께하는 공식 프로젝트로 지정됐다. 이후 보너르프로 지정한 도로에서 교통사고 발생 건수가 절반으로 감소하는 등 보행자 보호 효과가 확실해지자, 1976년 네덜란드 정부는 보너르프를 법제화했다. 현재 네덜란드 도로교통법은 보행자가 보너르프의 모든 공간을 사용할 수 있고, 차량 운행 속도는 시속 15킬로미터를 초과할 수 없으며, 지정된 공간에만 주차가 가능하다는 등의 내용을 담고 있다.

보너르프의 목적은 차량 속도 제한에 한정되지 않는다. 골목길을 시민들 간의 만남과 소통의 장으로 탈바꿈하는 것 또한 중요한 목표였다. 차도와 보도 사이 단차를 완전히 없애 거동이 불편한 보행자의 편의를 더했다. 또 도로 전반에 걸쳐 테이블, 벤치, 모래 상자 등으로 여가 공간을 조성했다. 그 결과 어린이들은 안전한 놀이 기회를 얻는 것은 물론, 사회와의 접촉 기회도 자연스레 늘었다.[51]

이제 네덜란드에서 보너르프는 하나의 제도라기보단 생활 개념으로 정착했으며 세계 각국으로 퍼지고 있다. 일본 은 '커뮤니티 도로コミュニティ道路'라는 이름으로, 독일, 스위 스, 오스트리아는 '템포-30-존Tempo-30-Zone'이라는 이름으로 보너르프를 도입했다. 독일은 템포-30-존 설치 이후 주거지 내 도로의 평균 차량 속도가 시속 3~8킬로미터가량 떨어졌 고 교통사고 발생량은 3분의 2가량으로 줄었다. 많은 차량이 이곳을 우회한 결과 보행자 안전을 확보한 것이다.

우리나라에서도 비슷한 개념으로 지난 2022년 7월 '보 행자 우선도로'가 도입됐다.[52] 보도와 차도가 분리되지 않은 도로에서 보행자 통행이 차량 통행에 우선한다. 따라서 보행 자가 차량을 피하지 않고 도로 전체를 통행할 수 있다. 대표적 인 예로 덕수궁 돌담길이 있다. 덕수궁 돌담길은 덕수궁 대한 문에서 시작해 정동제일교회를 지나 경향신문사까지 이어진다. 차량과 보행자가 안전하게 통행할 수 있도록 계획된 이 거리는 차도가 좁은 폭으로 나 있으며 차량 속도 저감 시설들이 설치돼 있다. 가로수와 화단이 조성된 보도에는 중간중간 휴식할 수 있는 벤치도 있어 시민들 및 주변 이용객들에게 사랑받는 산책로로 자리 잡았다.

7 재생 침술 ; 적응하고 재사용하라

"창고에서 파티하고 공장에서 밥 먹는 게 유행이다. 쓰러져 가는 다방 건물 지하에서 전시회를 하고, 충주 정미소에서 가져왔다는 컨베이어 벨트 앞에서 커피를 마신다. 철근 자재를 마구 쌓아 놓은 철공소 같은 식당일수록 사람이 몰리고, 폐선 廢船 자재를 뜯어 내부를 꾸민 옷 가게일수록 '핫'하다는 소리를 듣는다. 대체 왜 이럴까?"

2013년 4월 12일《조선일보》의 송혜진 기자는 위와 같은 질문을 던졌다. 1970년대 생긴 성수동의 정미소 창고는 패션 론칭쇼나 파티 공간으로 활용되고, 대림미술관은 서울 한남동의 구슬모아당구장을 대안공간 갤러리로 사용한다. 당시 유선 인터뷰를 요청받은 필자는 "낡고 퇴화한 공간일수록 독특한 시간의 흔적이 남고, 그 공간에 머물렀던 사람들의 기억이 남기 마련이다. 문화 엘리트들은 폐허에서도 바로 이런 시간성과 역사성을 읽고 싶어 한다"고 밝혔다.[53]

무려 10년 전 유행하던 이 트렌드는 지금껏 유효하며 대표적인 재생 침술로 자리 잡았다. 재생 침술은 용도를 다해 방치된 근대 유휴 건축, 시설이나 역사적 상징성이 있는 건축물을 현대의 문화적 욕구와 필요에 맞춰 적극적으로 재사용하는 공공디자인이다. 건물이나 공간을 본래의 모양대로 박물관처럼 보존preservation하는 것이 아니다. 오히려 복원을 의미하는 리노베이션renovation에 가깝다. 정확히는 보존과 복원을 포함해 새로운 용도로 활용하는 적응형 재사용adaptive reuse이다. 공간의 가치를 바라보는 경제적 관점은 문화적 관점으로 바뀌고 있다. 동시대를 사는 사람들이 공통적으로 지닌 '공간에 대한 기억'이나 과거로부터 전해진 '공간의 스토리, 역사'가 그 장소 및 공간의 무형적 자산이 된 것이다. 근현대 산업 유산들을 동시대 문화적 가치로 환원하는 것이 바로 재생 침술, 즉 '개발을 통한 보존'의 공공디자인이다.[54]

시민이 만든 풍경

재생 침술의 장점은 지역 공동체에 생기를 불어넣고 도시 환경의 경쟁력을 증진해 지속 가능성을 추구한다는 점이다. 미국 뉴욕의 첼시Chelsea 지구에 버려진 공중 화물 철로를 공원화한 하이 라인High Line이 대표적이다. 하이 라인은 1934년 개장된 철도 선로로, 거의 사용되지 않은 채 방치돼 있었다. 그러다 1999년, 평범한 시민 두 명은 그 철도가 파괴되지 않도록 하이 라인 친구들(FHL·Friends of the High Line)이란 단체를 만들었다. 버려진 선로에 꽃과 나무를 심고, 벤치를 설치하는 등 재생 침술의 꿈을 꾸었다. 그들은 적극적인 활동으로 대중의 지지와 기금을 모았고, 2003년에 모인 기금은 총 1억 5000만 달러에 달했다. 뉴욕의 공무원들도 철로를 공원화하는 데 동

미국 뉴욕의 하이 라인 ⓒ김주연

참하고자 연방교통위원회의 소유권 양도를 청원했다. 이 양도를 확신한 마이클 블룸버그 당시 뉴욕 시장은 뉴욕시의 공식 공원으로서 하이 라인 계획을 발표했고 5000만 달러의 지원을 약속했다. 두 평범한 시민의 꿈이 뉴욕시의 꿈이 된 것이다. 이윽고 2009년, 도시 빌딩의 숲 사이에서 시민들을 위한 세계 최초의 공중 공원 하이 라인이 탄생했다. 그 어느 도시에서도 경험하기 어려운 도로 위 공원은 미국 현대 조경 건축의 아이콘으로 자리 잡았으며, 우리나라 서울로Seoullo의 레퍼런스가 되기도 했다.

영국 런던의 시티오브웨스트민스터에 위치한 코벤트

가든Covent Garden은 원래 수도원이 있던 자리로, 1970년도에 부설 야채 시장이 다른 곳으로 자리를 옮기며 유휴 공간이 됐다. 주철식 아케이드[55]로 섬세하게 지어진 이 공간은 1980년대부터 자연스럽게 펍과 상점들이 들어서며 현재 런던의 대표적인 문화 거리로 자리 잡았다. 한때 세계적으로 유명한 과채 시장의 본거지였던 애플마켓Apple Market은 수제 보석, 판화, 수채화, 아름다운 공예품 등으로 가득 차 있다. 이스트 콜로네이드 마켓East Colonnade Market에는 수제 비누, 손으로 짠 아동복, 마술사 가판대, 과자, 가정용품 등이 가판대 위에 종류별로 진열돼 있다. 월요일마다 이곳은 세상에서 하나뿐인 골동품 전용 시장이 되고, 주말에는 각종 공예품 마켓이 열린다. 코벤트 가든 광장은 매일 거리에서 펼쳐지는 음악 공연과 코미디 쇼 덕에 시민과 관광객이 북적이는 세계적인 야외 극장이 되고 있다. 코벤트 가든의 특징은 특별한 도시 계획 없이도 문화적 특징을 기반으로 자연스럽게 인프라의 재활용을 이뤄냈다는 것이다.

고전에 감각을 더하다

런던 테임즈 강변에 위치한 현대 미술관 테이트 모던Tate Modern 또한 폐허로 방치된 근대 유휴 건축물을 계획적으로 재활용한 경우다. 스위스의 건축 사무소 헤어초크&드 뫼롱Herzog & De

영국 테이트 모던 ⓒAcabashi

Meuron이 템스강가River Thames에 20년 이상 방치된 화력 발전소를 재설계하며 2000년 5월, 지금의 테이트 모던이 문을 열었다. 건물의 외관은 최대한 살리는 동시에 내부 기능에 변화를 줬다. 산업혁명 때 경제 동력의 상징이었던 화력 발전소의 외형 및 골격을 그대로 유지한 채 내부만 미술관이라는 새로운 기능에 맞게 탈바꿈했다. 과거의 모습을 최대한 보존해 지역 주민들이 낯설게 느끼지 않도록 했고, 내부는 기존의 화력 발전소 시설을 활용하되 현대인의 감각에 뒤떨어지지 않도록 디자인했다. 뿐만 아니라 흉물로 남아 있던 시설을 재사용함으로써 런던이라는 도시의 인지도가 상승하는 효과를 톡톡히 보았다.

테이트 모던이 하나의 건축물을 재생한 경우라면, 독일 에센Essen의 졸페라인 광산 단지Zollverein Coal Mine Industrial Complex 는 지역 전체를 재생한 결과물이다. 150년 가까이 루르Ruhr 공업 지역의 중심 탄광지였던 이 도시는 석탄이 고갈되며 쇠퇴하기 시작했다. 이윽고 1986년, 탄광이 폐광되며 거대한 철조 골격의 채광 시설이 흉물로 남았다. 이 장소에 각별한 관심을 가졌던 노르트라인-베스트팔렌(NRW·Nordrhein-Westfalen) 주 정부는 졸페라인을 사들이고 문화 공간으로 개조하기 시작했다. 산업 시설 자체를 소중한 문화유산으로 생각하고 2억 유로라는 막대한 금액을 투자했다. 흉물로 방치된 샤프트나 건물들을 그대로 활용해 만든 루르 박물관Ruhr Museum에는 석탄과 화석, 지역인들의 생활사 및 탄광 관련 활동들이 전시되어 있다. 특히 광산단지에 난방을 공급하는 보일러 하우스Boiler House는 영국의 건축가 노먼 포스터Norman Foster의 손을 거쳐 세계적으로 유명한 디자인 어워드 레드닷Red Dot의 수상작들을 관리, 보존하는 레드닷 디자인 박물관Red Dot Design Museum으로 태어났다. 이곳을 방문하는 사람들은 한 해 무려 12만 명에 달한다. 졸페라인 광산 단지는 이후 2001년 유네스코 세계문화유산과 2010년 유럽문화도시로 선정됐으며, 버려질 수밖에 없었던 도시를 문화로 살려낸 에센 정부의 재

루르 뮤지엄 내부 ⓒ김주연

생 침술이 얼마나 귀중한 것이었는지를 깨닫게 한다.

유산의 새활용

1918년, 네덜란드의 선박 회사 로열 홀란드 로이드Royal Holland Lloyd는 건축가 에버트 브레만Evert Breman에게 암스테르담에 커다란 호텔을 지을 수 있는지 의뢰했다. 여기엔 외부 관광객 유치를 염두에 둔 네덜란드 왕실의 입김도 들어갔다. 이후 3년의 준공을 거쳐 로이드 호텔Lloyd hotel은 완성됐으나, 로이드 회사는 초기 예상했던 건설비의 여덟 배나 되는 비용을 감당하지 못하고 파산해 버렸다. 이후 약 15년간 로이드 호텔은 초기 목적과는 달리 이민자들이나 가난한 동유럽 유대인들을 위한 임시 숙소로 사용됐다.

이후 1936년에는 암스테르담시가 로이드 호텔을 매입했다. 1928년 독일 대공황을 피해 온 유대인 난민들의 쉼터, 제2차 세계 대전 중에는 나치에 저항하던 사람들의 수용소로 사용됐다. 종전 후에는 성인 교도소를 거쳐 소년원으로 기능했으나 사실상 방치됐다고 보는 편이 맞겠다.

그러다 1989년, 구 유고슬라비아Yugoslavia 출신 예술가들이 모이며 이 공간에 활기를 불어넣기 시작했다. 이곳을 스튜디오 공간으로 사용하기 시작한 것이다. 1996년엔 건물의 재사용 용도를 결정하기 위한 현상 공모가 진행됐고, 큐레이터 수잔느 옥세나르Suzanne Oxenaar와 미술사가 오토 난Otto Nan이 건축 사무소 MVRDV와 합작해 2004년 완성한 로이드 호텔은 새롭게 개장했다. 이 작업에는 네덜란드 출신 디자인 거장 마르셀 반더스Marcel Wanders를 비롯해 40여 명의 세계적인 디자이너들이 참여했고, 뉴욕의 크라이슬러Chrysler Building 빌딩 같은 우아한 기하학의 네덜란드 아르데코 양식을 접목해 117개의 객실을 단장했다. 참고로 로이드 호텔은 2001년 네덜란드 국립유산으로 지정된 바 있다.

흥미로운 것은, 로이드 호텔이 이런 호화롭고 세련된 디자인과 동시에 과거의 투박한 역사를 그대로 보존하고 있

로이드 호텔 내부 ©'Guide Me To'유튜브

다는 점이다. 로이드 호텔에선 특이하게도 하나의 호텔이 1~5성급 객실을 모두 갖추고 있다는 인상을 받는다. 호텔의 입구는 안내 데스크라기보다는 검문소의 느낌이며, 과거 사용하던 비품의 대부분을 재사용하고 있다. 복도의 낡은 회색 타일과 다소 어두운 조명에서도 교도소의 옛 모습이 드러난다. 여행용 캐리어를 끌고 다니는데 불편한 계단이 많은 구조도 일부러 고치지 않았다. 그 불편함이 호텔의 역사를 온전히 체험할 수 있는 경험이기 때문이다. 이 공간은 어떻게 보면 미로와 같고, 방 안에 들어서면 초현실적인 숙박을 경험할 수 있다. 호텔의 별명이 '로이드 호텔 & 문화 대사관'인 이유도 그 때문이다. 로이드 호텔은 그 자체로 특별한 숙소이자 문화유산이 살아 숨 쉬는 박물관이다.[56]

상하이의 1933 라오창팡老場坊 또한 과거의 시설을 색
다른 방식으로 활용했다. 라오창팡은 '오래된 작업장'이란 뜻
으로, 상해가 영국의 조계지였을 때 영국 건축가 벨푸어Balfours
가 설계한 아시아 최대의 소 도살장이었다. 1933년 완공된
이곳은 중국 최초의 국영 육류 도살장으로서 외국인들을 위
한 육류 생산을 담당했다. 이후 약 40년 뒤인 1970년부터 생
화학 제약 공장으로, 이후 식품 공장, 창고 등으로 활용되다가
2002년 정부 개입 이후 4년간 방치돼 있었다. 2006년 중국
정부로부터 '우수 역사 건축물'로 지정된 후 라오창팡은 기존
의 모습을 되살려 복합 문화 공간으로 새롭게 태어났다.

소를 도살하기 위해 설계됐던 경사로는 독특한 구조를
이룬다. 올라가는 계단은 곧 내려오는 계단이 되고, 회백색으
로 통일된 계단과 내벽은 혼란을 야기하며 환상적인 수직 미
로 공간을 형성한다. 미로 같은 경사로는 도살장으로 가는 소
떼가 정체되는 것을 막으려 일부러 빙빙 돌게 한 목적이었다.
공간은 현재 대부분 원형 그대로를 유지하며 전시 등 다양한
문화 행사가 열리는 복합 문화 예술 공간으로 활용된다. 스타
벅스와 같은 카페를 비롯해 많은 디자인·광고회사, 웨딩홀,
드라마 제작소, 갤러리, 설계소, 극장, 레스토랑 등이 함께 모
여 창의 예술 클러스터를 이루고 있다. 하루에 1000여 마리
의 소와 돼지를 잡던 이곳 도살장의 으스스하고 기묘한 분위

1933 라오창팡 ⓒ김주연

기는 뉴트로newtro로 느껴지며 수많은 관광객과 사진가들이 찾는 상해의 문화 예술 명소가 됐다.

Museum de Fundatie ⓒMichielverbeek

시대에 어울리는 존재감

기존 문화유산에 새로운 쓰임새를 입히는 것 외에, 새로운 형태를 더하는 증축도 재생 침술에 해당한다. 1838년 세워진 네덜란드 즈볼러Zwolle시 법원 건물은 현재 조각이나 그림 같은 국제 예술 작품 및 흥미로운 수집품들을 전시하는 박물관이 됐다. 즈볼러 재단 박물관Museum de Fundatie은 박물관의 면적이 부족해 증축을 계획했으나, 법적으로 건물을 측면이나 후면으로 증축할 수 없다는 한계에 부딪혔다. 이에, 지붕에 마치 럭비공처럼 생긴 공간을 수직으로 덧붙이는 새로운 방식을 택했다. 신고전주의 양식을 따른 본래 건물은 완벽한 대칭을

띄고 있었기에, 설계를 맡은 비어만 헹켓Bierman Henket 건축 사무소는 그 대칭을 유지하기 위해 럭비공 같은 디자인을 도입했다. 고전적 건축물에 유기적인 디자인을 접합해서 탄생한 박물관은 매우 미래적이고도 기념비적인 인상을 준다. 증축 건물의 외부는 5만 5000개의 반짝이는 3차원 입체 타일로 덮여 있으며, 여기 사용된 타일은 푸른 배경에 흰색 유약을 덧칠해 하늘과 건물이 동화되는 듯한 효과를 준다. 2013년 더치 디자인 어워드(DDA·Dutch Design Awards)는 이 박물관에 공간프로젝트상을 수여했으며, 선정위원회는 "이 프로젝트는 도시에 엄청난 영향을 주며, 믿을 수 없는 존재감을 가지고 있다"라고 평했다.[57]

2018년 4월, 서울 홍익대학교 앞 40년 이상 자리를 지킨 국민은행 영업점 또한 새로운 청년 문화 공간 '청춘마루'로 재탄생했다. 이곳은 현대 건축가 1세대 김수근 씨가 설계한 작품으로, 현존하는 국민은행을 대표할 수 있는 홍대 앞 지점을 복원해 문화적 공간으로서 소비자에게 다가가자는 내부 목소리가 있었다. 이 목소리는 공감을 얻었고, 홍익대 건축과 교수들이 설계에 참여했다.

홍대 앞은 주말이면 서울 주민은 물론 세계 각지의 관광객을 비롯해 수많은 인파가 몰리는 곳이다. 그런데 편히 앉아서 쉬거나 약속 장소로 특정할 수 있는 공공 공간이 많지 않다. 이에, 청춘마루 리노베이션의 목표는 '쉼표'가 됐다. 홍익대 교수팀[58]은 설계의 초기 단계부터 건물 외부는 과거 흔적 보존을 위해 최대한 유지하기로 합의했다. 평범하던 내부 공간은 지하부터 옥상까지 지그재그 형태의 경사 계단으로 바뀌어 다이내믹한 공간이 됐다. 그러나 외관은 평범함의 역사성을 그대로 유지한다. 평범과 다이내믹, 이 두 가지가 공존하는 것이 청춘마루의 상징이다. 1층의 계단은 모두 KB금융그룹의 브랜드 컬러인 노란색을 입히고 거리에 노출되도록 개방하여 문화적 활력을 불어넣는 과감한 디자인을 선보였다. 이 계단은 2층의 실내 갤러리를 지나 옥상의 루프탑 외부 계단으로까지 이어진다. 청춘마루의 노란 계단은 이제 사랑받는 홍대 앞 아이콘이 됐다. 이 쉼의 공간에선 자연스러운 버스킹도 일어나고, 간단한 음식이나 커피를 가져와 먹고 마실 수 있고, 잠시 비를 피할 수도 있다.[59] 기업이 소유하던 오랜 역사의 건축물에 재생 침술을 도입해 브랜드 이미지를 고양시킨 것은 물론, 대중을 위한 쉼터를 마련했다.

내가 살아가는 도심 곳곳에서 애정을 느낄 수 있는 작은 요소들을 발견할 때마다 우리 삶의 질은 향상된다. 정서 침술이란 시민들에게 예술적 감응을 선사함으로써 도시에 활력을 주고 시민들의 자존감을 고양시키는 공공디자인이다. 시민의 필요 needs를 충족시킨다기보단 다른 공동체의 관심과 부러움을 받는 디자인에 가깝다. 성공적인 마케팅 슬로건으로 유명한 네덜란드 암스테르담은 지난 2004년, 영어 'I'와 'amsterdam'을 합해 '아이 앰 스테르담I amsterdam'이라는 슬로건을 만들었고 이를 거대한 글씨 조각으로 만들어 뮤지엄 광장Museumplein에 설치했다. 유머러스한 글씨가 생동감 넘치는 붉은색과 흰색으로 표현된 이 조형물은 무려 높이 2미터, 길이 26미터에 달한다. 즉시 암스테르담 도시의 상징이 된 것은 물론, 수많은 관광객들은 암스테르담을 방문할 때마다 이 조형물 앞에서 인증샷을 찍어 소셜 미디어에 올린다.[60] 이후 세계 각지의 도시들이 이 슬로건을 레퍼런스로 삼았고, 우리나라 서울의 I·SEOUL·U 또한 그 중 하나로 추정된다.

아이덴티티 디자인

포르투갈 제2의 도시 포르투Porto는 2000년이 넘는 긴 역사를 갖고 있다. 그 장구한 역사를 거쳐 현 포르투시에는 수많은 다양성이 공존하게 됐다. 이를 하나로 묶는 작업이 필요하다고 인식한 포르투시는 지난 2014년 포르투의 본질을 보여 줄 수 있는 새로운 아이덴티티를 만들었다. 청색의 다양한 아이콘들을 조합할 수 있는 디자인이었다.

포르투 어딜 가나 눈에 띄이는 아줄레주Azulejo는 청색 도자기 타일로 이뤄진 포르투 전통 건축 양식이다. 주석 유약을 사용해 그림을 그려 만든 작품으로, 아줄레주의 맑은 청색은 5세기 넘게 생산되어 오며 자연스럽게 포르투시의 시그니처 컬러가 됐다. 포르투시의 리브랜딩을 의뢰받은 화이트 스튜디오White Studio는 이 아줄레주와 접목시킨 흥미로운 도시 아이덴티티 디자인 프로젝트를 진행했다. 우선 시민들에게 각자 포르투를 상징하는 것이 무엇인지 물었다. "What is your Porto?" 포르투를 관통하는 강물, 루이 1세 다리, 트램, 등대, 음악당, 주택, 와인까지 시민들은 다양한 오브제를 말했고, 이들 중 22개를 선정해 각자 작은 아줄레주 타일 한 장 한 장에 새겨 아이콘화했다. 이 아이콘들을 자유롭게 조합해 성벽, 길거리 입간판, 지하철 열차 표면 등 다양한 곳에 활용했다. 각기 다른 조합이지만 간단한 직선과 짙은 푸른색이라는 공통점 때문에 이 문양이 있는 곳 어디든 포르투시를 관통하는 통일감을 느낄 수 있다.[61]

포르투의 플렉시블 아이덴티티 디자인flexible identity design은 공개되자마자 시민들의 폭발적인 사랑을 받았다. 많은 시

민들이 도시의 상징이 될 수 있는 오브제에 대한 아이디어를 추가로 제출했고, 결국 아이콘은 22개에서 70개로 늘었다. 상점들은 70개의 아이콘들 중 각자의 매장에 적합한 아이콘들을 모아 간판으로 활용한다. 이처럼 도시의 스토리와 개성이 담겨 시민이 공감하기 쉬운 아이덴티티를 만든 덕에, 포르투 시민들은 일상생활에서도 이 아이콘들을 적극적으로 사용한다. 포르투의 아이덴티티는 그 자체로 시민들이 적극적 참여한 정서 침술이다.

    프랑스의 보르도시의 '보르도Bordeaux'는 '물 가까이'라는 뜻으로, 와인 양조장을 뜻하는 샤토château가 무려 7000개

Miroir d'eau ©Steve Le Clech Photos

가 넘는다. 보르도 구도심 증권 거래소와 관세청 사이에는 18
세기에 만들어진 유럽 최초의 열린 광장, 부르스 광장Place de la
Bourse이 위치해 있고 이 부르스 광장과 가론Garonne강 사이에
는 직사각형의 넓은 물거울Miroir d'Eau이 있다.

1995년 알랭 쥐페Alain Juppé 보르도 시장은 강가 부두에
6킬러미터 산책로를 조성하는 등, 가론 강가를 활성화하는
프로젝트를 시작했다. 1999년 디자인 공모를 통해 선정된 것
중 하나가 바로 물거울이다. 2006년 완공된 물거울은 세계에
서 가장 큰 반사 분수로, 완공까지 2년이나 걸렸다. 3450제곱
미터 면적의 검은 화강암 바닥에 2센티미터 높이의 물이 채

Miroir d'eau ⓒTeddy Verneuil

워지면 광장과 주변 건물, 푸른 반사되는 드라마틱한 장면이
펼쳐진다.[62] 이 바닥에선 15분 동안 물이 차오르다가 멈추고,
23분마다 짙은 안개가 분출되어 3분간 지속된다. 유아들은
얕은 물속을 기어 다니고, 어린이들은 자욱한 안갯속을 뛰놀
며, 어른들은 신발을 벗고 짧은 산책을 즐긴다. 심지어 반려견
들도 사람과 함께 뛰며 물안개를 즐긴다. 그러다 안개가 걷히
면 하늘과 눈부신 구름이 물 표면에 완벽히 반사되어 방향 감
각을 상실하기도 한다. 현실 세계를 넘어서는 마법과 같은 공
간이 되고, 사람들은 사진과 동영상을 찍기 바쁘다. 밤이 되면
광장 주변 금빛 건물들에 조명이 밝혀지며 바닥, 그러니까 물

거울 위로 데칼코마니가 생기며 초현실적인 장면이 연출된다. 물거울은 보르도 시민이 자랑스러워하는 동시에 전 세계 공공디자인의 방향성에 큰 영향을 미친 정서 침술이다. 지난 2007년 이 물거울은 유네스코 현대세계유산으로 지정됐다.

퍼포먼스 건축

영국 런던 패딩턴 유역Paddington Basin엔 동서로 500미터가 이어진 길다란 운하가 있어 리틀 베니스Little Venice라고도 불린다. 전성기에는 운하를 통해 무역의 중심지로도 성장했으나, 현재는 상권과 오피스를 중심으로 한 비즈니스 유역이다. 21세기에 들어서며 이곳은 도시 개발의 중심이 됐다. 재개발 과정에서 보행자가 통행할 수 있는 도개교가 새롭게 두 곳 탄생했다. 바로 굴렁다리와 부채다리다.

굴렁다리Rolling Bridge는 2002년 헤더윅 스튜디오Heatherwick Studio가, 부채다리Fan Bridge는 2014년 나이트 설계사무소Knight Architects가 디자인했다. 두 다리는 평상시엔 통행로로 기능하지만 배가 지나다닐 땐 예술적인 조각 작품이 된다. 굴렁다리는 강철 섹션 여덟 개로 이뤄진 12미터 길이의 다리로, 유압 펌프를 이용해 펼쳐졌다 움츠러들었다 할 수 있다. 다리가 접혀서 말려 올라가면 굴렁쇠 모양의 원형 조각으로 변신해, 그 모양 때문에 '고슴도치' 혹은 '전갈의 꼬리'라 불리기도 한다.

런던 굴렁다리 ⓒHeatherwick Studio

부채다리는 부챗살 모양으로 펼쳐진다 해서 부채다리다. 2016년 영화 〈제이슨 본〉에도 등장한 멋진 다리로, 폭은 3미터, 길이는 20미터에 달한다. 다섯 개의 부챗살 모양으로 다리가 완전히 펼쳐지면 그 모양이 가위손과 유사하다고 해서 '가위손 다리'라는 별명도 있다.

굴렁다리와 부채다리가 조성된 배경엔 중요한 목적이 있다. 공예와 기술이 결합해 조각 작품 같은 다리들을 조성함으로써 패딩턴 지역 시민들에게 활력을 제공하는 것이다. 두 다리는 패딩턴을 처음 방문하는 관관객들에게 깊은 인상을 남길 뿐 아니라, 그곳을 매일같이 지나다니는 사람들에게도 즐거움을 선사한다. 현재 두 다리는 스케줄에 따라 모양을 바꿔, 배가 지나가지 않는 시간에는 다리가 작품으로 변신하는 장면을 감상할 수 있다.

런던 부채다리 ©Merchant Square Paddington

기능에 미감을 더하다

네덜란드 할스테렌Halsteren에는 도시와 마을을 보호하기 위해 17세기 만들어진 해자[63]를 쉽게 찾아볼 수 있다. 그러다 2010년, 사이클링과 하이킹 등 레크리에이션을 원하는 주민들을 위해 이곳에 다리를 추가하자는 목소리가 나왔다.

디자인을 맡은 RO&AD 건축 사무소는 본래부터 다리가 없던 곳에 다리가 생기면 해자의 미관을 해칠 수 있다고 생각했다. 그들은 경관을 유지하고자 멀리서는 보이지 않는 다리를 구상했다. 물길 사이에 놓인 이 다리는 마치 모세의 기적과 닮아 모세의 다리Moses Bridge라고도 불린다. 다리의 입구

모세의 다리 ©RO&AD

가 되는 성벽과 사람이 건너는 길다란 통로는 전쟁의 참호처
럼 감춰져 있다. 완전한 방수 목재로 만든 다리는 도랑처럼 물
속에 놓여 풍경 속으로 사라진다. 수면보다 낮은 높이로 만든
이 건축물은 언뜻 보면 사람이 지나다니는 길이라는 걸 알아
채기 힘들다. 다리를 건너는 사람들은 마치 자신이 모세의 길
속에 있는 듯한 경험을 하고, 물과 자연을 비슷한 눈높이에서
온전히 느낄 수 있다. 수면의 높이는 펌프를 통해 너무 얕지도
혹은 옆으로 넘치지도 않게 유지된다. 자연을 그대로 활용한
이 정서적 침술은 2012년 런던 디자인 박물관에서 올해의 디
자인으로 선정됐다.

율하놀이터 ©YiEUM Partners

생활의 편의가 아닌 시민의 예술적 감응을 충족시키는 다리 디자인은 우리나라에서도 쉽게 찾아볼 수 있다. 대표적으로 대구 율하아트라운지Yulha Art Lounge는 2018년 대구국제공항에 인접한 율하천 고가 아래 공간에 붙여진 새 이름이다. 이 지역은 공항 근처인 탓에 고도 제한으로 발전이 더디고, 건물이 낙후돼 주민이 쉴 곳이나 산책할 곳이 거의 없었다. 이에 대구시는 이음파트너스에 리브랜딩을 의뢰했고, 이음파트너스는 율하천 고가 아래 각각 성격이 다른 두 개의 라운지를 만들었다.

하나는 율하놀이터Yulha Play Zone로, 하천을 따라 250미터

길이로 형성된 좁지만 긴 공간이다. 시민들이 이동 중에 잠시 머무를 수 있는 휴식 및 놀이 공간을 마련했다. 율하천 물길의 풍경, 주변 마을의 골목길, 장난감들을 모티브로 선과 면을 분할해 만든 그래픽은 바닥, 벽, 천장 등을 장식하며 착시 효과와 더불어 밝고 경쾌한 분위기를 선사한다. 다른 하나는 율하예술터Yulha Stage라는 초승달 형태의 공간으로, 20개의 원형 기둥이 받치고 있으며 전체 길이 170미터, 면적 2450제곱미터에 달한다. 율하예술터엔 각종 전시, 소규모 공연, 플리마켓 등 다양한 문화 경험을 할 수 있는 감성 공간이 마련돼 있다. 문화 행사가 돋보일 수 있도록 비정형의 네온 컬러 조명을 사용했고, 추상적인 아트 페인팅과 금속 조형물로 연출해 공간 자체가 작품이 되도록 했다. 예술적 정서 침술을 통해 버려진 공간이 밝고 역동적인 힐링 공간으로 재탄생했다. 율하아트라운지는 지난 2019년 경험적 그래픽 디자인 어워드인 SEGD Global Design Awards에서 공공 설치 부분의 최고상인 Honor Award를 수상했다.

에필로그 　　　　　욕망의 공공성을 향해

어느 겨울날 미국 뉴욕 맨해튼을 방문했을 때였다. 눈이 너무 많이 내려 모든 교통이 마비되고, 학교와 관공서가 문을 닫은 날이었다. '뉴욕의 아마존'이라 불리는 거대한 센트럴파크 Central Park를 지나치던 나는 뉴욕 시민들이 스키와 썰매를 갖고 나와 노는 모습을 볼 수 있었다. 가족이나 연인과 함께 눈밭 위를 신나게 가로지르는 그 모습이 부러웠다. 도시에 살면서도 가까운 곳에 이런 거대한 공원이 있다는 건 시민 누구나 한번쯤 누리고 싶은 기회일 것이다.

그런데 과거엔 이 센트럴파크가 있던 자리에 공원 대신 집과 건물들이 빽빽이 있었다는 사실을 아는가? 맨해튼의 발전은 남쪽부터 시작됐다. 경제적 부흥으로 인구가 대거 유입됐고, 일하거나 거주할 공간이 부족해지며 도시는 북쪽으로 빠르게 확장해 갔다. 그 결과 1850년대에는 맨해튼 전체가 건물과 도로로 가득찬 도시가 됐다. 주말에 소풍을 가고 싶어도 시민들은 공원 대신 잔디가 깔린 공동묘지에 가야만 하는 비참한 상황이었다. 이때 옴스테드Olmsted라는 조경가가, 맨해튼에도 런던의 하이드 파크Hyde Park와 같은 거대한 공원을 세우자는 계획을 발표했다. 그는 이렇게 말했다. "지금 이곳(센트럴파크)에 공원을 만들지 않는다면, 100년 후에는 이 넓이만큼의 정신 병원이 필요할 것이다."

그의 꿈은 이뤄졌다. 뉴욕주와 연방정부가 승인했고,

이들의 자금 지원으로 현 센트럴파크 면적의 부지를 모두 매입했다. 이윽고 시민 공모와 추가 건설을 거쳐 1879년, 지금의 센트럴파크가 탄생했다. 1859년 발표된 센트럴파크 성명서는 다음과 같이 말한다. '공원의 주요 목적은 건강한 레크리에이션을 즐길 수 있는 최적의 공간을 도시에 사는 모든 계층에게 제공하는 것이다. (…) 공원은 부자와 가난한 사람, 젊은이와 노인, 포악한 사람과 고결한 사람 모두에게 건강한 오락을 제공해야 한다.'

센트럴파크 탄생 후 142년이 지난 2021년 5월 21일, 맨해튼 서쪽 허드슨 강 위에 아이코닉한 공원 하나가 개장했다. 강 가운데 흰색 튤립 모양의 구조물들로 솟아난 리틀아일랜드Little Island라는 공원이다. 허드슨 강가의 대표적인 힐링 장소로 '그린 오아시스'라고도 불린다. 각각 모양과 크기와 높이가 다른 132개의 튤립들은 식물을 심을 수 있는 화분으로 기능한다. 약 3000평 면적의 드넓은 언덕이 마련된 이 공원은 개장 당시 코로나19를 겪고 있던 뉴욕 시민들에게 큰 위로가 됐다.

리틀아일랜드는 이 책에서 짚은 공공디자인의 일곱 가지 침술 중 재생, 제도, 시민, 정서, ESG 침술과 관련 있다. 우선 공원의 피어 54Pier 54 선착장은 역사적으로 중요한 장소였다. 1910년에서 1935년 사이에 영국을 정기적으로 오가던

맨해튼의 리틀아일랜드 ⓒ김주연

여행선이 출항하고 정박하는 곳이었고, 1912년엔 타이타닉 사고의 생존자들이 구조선을 타고 안전하게 도착한 선착장이기도 했다. 그러다 2012년, 허리케인 샌디가 뉴욕시 해안선을 강타하며 피어 54 선착장은 무너졌고 나무 말뚝들만 잔해로 남았다. 이 역사적인 부두를 공원으로 탄생시키고자, 2013년부터 재생 침술 작업이 시작됐다. 현재 리틀아일랜드 입구엔 피어 54 선착장 건물의 파사드가 철제 구조물로 전시돼 있다.

리틀아일랜드는 제도 침술이기도 하다. 1998년 뉴욕주에선 맨해튼 해안선을 따라 새로운 공원을 조성하는 허드슨 리버 파크 트러스트Hudson River Park Trust, 일명 '트러스트'라는 협의체를 만들었다. 트러스트는 공원의 경계를 만들고, 임대료와 민간 기부금 등으로 공원 운영 자금을 충당했다. 허드슨 강변 공원에 대한 전체 비전을 수립하고 설계 및 건설을 진행했으며 특히 일련의 법적 이슈를 해결하기도 했다.

트러스트라는 공조직이 법적 지원과 건설을 담당했다면, 허드슨 리퍼 파크 프렌즈Hudson River Park Friends라는 민간 비영리 조직은 리틀아일랜드의 공간과 프로그램을 함께 관리하는 시민 침술이었다. 1996년 출범한 이 그룹은 미래 세대를 위한 공공 공간으로서 공원에 집중했다. 리틀아일랜드의 공공 프로그램을 마련하고, 공원이 쾌적한 상태를 유지하는 데 필요한 자금을 모았다.

동시에 리틀아일랜드는 뉴욕 시민들에게 보석과 같은 예술적 공간으로 자리 잡은 정서 침술이다. 영국의 세계적인 건축가 토마스 헤더윅Thomas Heatherwick은 "실제로 번잡한 맨해튼을 떠나는 느낌"을 갖도록 이곳을 디자인했다고 한다. 뉴욕이 아닌 곳, 바로 강 한가운데 리틀아일랜드에서 뉴욕을 되돌아보는 듯한 장면을 연출한 것이다. 평평함만이 존재하는 맨해튼과는 달리 가파른 언덕의 공원은 마치 입체파의 그림처럼 다양한 시선들을 선사한다. 또 리틀아일랜드의 조경은 지속 가능성을 추구하는 조경가 시그니 닐슨Signe Nielsen이 담당했다. 여러 종류의 나무와 꽃과 잔디를 화려하면서도 차분하게 배치해 여러 높이에서 시민들이 이를 감상하고 향기 맡도록 했다. 산책로 주변에는 예술 작품들을 배치해 방문객들은 예상치 못한 감상의 즐거움을 누릴 수 있다. 700석 원형 공연장에서 일몰의 석양과 함께 때때로 펼쳐지는 공연을 보는 것 또한 누구나 쉽게 누릴 수 있는 행복은 아닐 것이다.

마지막으로 리틀아일랜드는 ESG 침술이다. 피어 54 선착장을 재생하는 작업은 배리 딜러Barry Diller라는 한 백만장자의 의지와 기부로 시작할 수 있었다. 폭스티비Fox TV 네트워크의 공동 설립자이자 현 미디어 그룹 인터액티브코퍼레이션과 익스피디아의 회장인 그는, 기업의 사회적 공헌에 관해 공공장소에 주목했다. 딜러는 특정 집단을 위한 병원이나 미술관보다, 누구나 이용할 수 있는 공원을 만들 때 도시민 전체의 삶의 질이 올라갈 것이라 생각했다. 그는 헤더윅에게 자연과 예술에 몰입할 수 있는 완전히 새로운 유형의 공공 공간을 뉴욕시를 위해 디자인해 달라고 부탁했다. 그리고 리틀아일랜드 건설을 위해 2억 6000만 달러를 지원했으며 향후 20년 동안 리틀아일랜드의 유지 보수를 위한 비용 1억 2000만 달러를 추가 지원하기로 약속했다. 기업이 공공디자인에 투자함으로써 이미지를 제고하는 것은 물론, 시민 입장에선 더 나은 도시 경험을 누리게 된 것이다.

좋은 도시란 무엇일까? 상징적 조형물이 랜드마크로 자리 잡은 도시, 최첨단 기술이 도입된 도시도 좋지만 결국 그곳을 살아가는 시민이 행복한 도시만큼 좋은 도시는 없을 것이다. 맨해튼 센트럴파크와 리틀아일랜드를 비롯해 공공디자인을 이루는 일곱 가지 침술 모두 결국 시민의 행복을 구현한다는 최종 목표를 향해 가고 있다. 지금 우리는 물건이 아닌 가치를 생산하고 소비하는 시대에 살고 있다. 동물의 삶은 욕구needs로 이루어지지만 인간은 욕망desire을 품는다. 선택의 폭은 넓어졌고 더 나은 공간, 더 나은 사회에 대한 기대가 커지고 있다. 이제 공공디자인은 단순히 디자인이 아닌 라이프 스타일의 관점에서, 도시의 관점에서, 시민 사회의 관점에서 개인의 욕구를 넘어 욕망의 공공성으로 진화해야 한다.

주

1 _ 에치오 만치니(조은지 譯),《모두가 디자인하는 시대》, 안그라픽스, 2016, 4쪽과 14쪽.

2 _ ESG는 '환경(Environmental)', '사회(Social)', '지배구조(Governance)'의 영어 단어 첫 알파벳을 딴 용어이다. 2004년 UN 보고서에서 처음 사용됐다. 증권시장에서 기업에 대한 투자에 대한 새로운 평가 기준으로 자리 잡았다. 기업의 재무적 성과뿐 아니라 환경 보호, 사회적 책임, 기업의 지배 구조와 같은 비(非)재무적 성과를 보고 투자를 결정하겠다는 것이다. KDI 경제정보센터 'ESG' 검색 결과 참고.

3 _ 김민식,《집의 탄생》, 브.레드, 2022, 276-277쪽.

4 _ 오창섭 외 18인,《안녕, 낯선사람》, 홍디자인, 2018, 13쪽.

5 _ 쿠리치바(Curitiba)는 브라질 파라나주의 주도이다.

6 _ 자이미 레르네르(황주영 譯),《도시침술》, 푸른숲, 2017, 내지글 및 26쪽.

7 _ 박용남,《꿈의 도시 꾸리찌바》, 녹색평론사, 2000, 84-91쪽.

8 _ 자이미 레르네르(황주영 譯),《도시침술》, 푸른숲, 2017, 80-81쪽.

9 _ 김정후, 〈영국의 공공디자인 정책과 시사점〉,《국토》 2008년 6월호, 118-119쪽.

10 _ 유니버설 디자인이란 성별, 연령, 국적, 문화적 배경, 장애의 유무에 상관없이 쓸 수 있는 제품 및 환경을 만드는 디자인을 말한다. 두산백과 '유니버설 디자인' 검색 결과 참조.

11 _ NYC,《Active Design Guidelines》, 2010.

12 _ 유무종, 〈파리, 15분 도시계획과 도시시설 활용방안 발표〉,《건축과 도시공간》, 2020, 76-77쪽.

13 _ 주민들이 매일 또는 정기적으로 필요한 상품과 서비스에 15분 내로 안전하고 편리하게 접근할 수 있도록 하는 프로젝트다.

14 _ 집에서 도보로 20분 이내의 거리에서 일상에서 필요한 대부분을 서비스를 누리고 안전하게 자전거 및 지역 교통 수단으로 이동할 수 있도록 하는 지역 프로젝트다.

15 _ Transportation Alternatives, 〈NYC 25x25: A CHALLENGE TO NEW YORK CITY'S LEADERS TO GIVE STREETS BACK TO PEOPLE〉, 2021.

16 _ 〈NYC 25x25〉, 유튜브 채널 'Transportation Alternatives', 2021.3.2.

17 _ 〈Creating Community and a Sense of Place, One 'Parklet' at a Time〉, Georgetown University School of Continuing Studies News, 2020.3.4.

18 _ John Bela, 〈Hacking Public Space With the Designers Who Invented Park(ing) Day〉, Next City, 2015.9.18.

19 _ John Bela, 〈Pandemic-era Street Spaces: Parklets, Patios, and the Future of the Public Realm〉, ArchDaily, 2021.9.29.

20 _ 이중대, 〈'착한 브랜드' 파타고니아의 진짜 힘은 직원들에 있다〉, THE PR TIMES, 2018.7.4.

21 _ 윤은별, 〈2022년 한국산업의 브랜드파워(K-BPI) 'Golden Brand' 인증식〉, 《매경이코노미》, 2022.4.11.

22 _ 오창섭 외 18인, 《안녕, 낯선사람》, 홍디자인, 2018, 26쪽.

23 _ 김지연, 〈기업주도형 공공디자인을 위한 ESG 평가지표에 관한 연구〉, 홍익대학교, 2021.

24 _ 정연심, 〈내용 있는 아름다움 '아모레스토어 광교'〉, 코스모닝, 2020.

25 _ 서민지, 〈아모레, 이태원 화장실 리모델링…'아리따운 화장방' 재탄생〉, 《아주경제》, 2021.3.9.

26 _ 〈박수 받는 마케팅의 비결, 있는 트래픽에 메시지 얹기 #곰표 플로깅〉, STONE.

27 _ 카카오임팩트, '프롤로그: 연구를 시작하는 질문과 이 보고서를 읽는 방법', 〈솔루션 권하는 사회〉, 2021.5.25.

28 _ 〈을지로의 밤을 빛내주는 셔터아트, 신한카드 을지로 셔터갤러리〉, 신한카드블로그, 2020.7.28.

29 _ 조성미, 〈발걸음을 둘러싸는 안전불빛〉, THE PR TIMES, 2017.5.11.

30 _ 현대자동차그룹 뉴스룸, 〈광주청춘발산마을 성과발표〉, 2018.10.26.

31 _ 대웅제약 뉴스룸, 〈장애물과 차별없는 놀이터, 대웅제약 '무장애놀이터'〉, 2019.4.3.

32 _ 노정현, 〈버스 방향표시로 시민 불편 해소한 '화살표 청년' 이민호씨〉, 《레이디경향》 2012년 8월호, 2021.

33 _ 박기용, 〈800원으로 1000만명 이롭게 한 '화살표 청년'〉, 《한겨레》, 2012.5.3.

34 _ 김정아, 〈주민이 만든 '고한 마을호텔18번가'의 기적〉, 《김포신문》, 2021.8.18.

35 _ 행정안전부 · 한국디자인진흥원, 《2021 국민정책디자인 성과사례집》, 2022.

36 _ 김동언, 〈광주 광산구 '국민정책디자인 성과대회'서 대통령상 수상〉, 《프레시안》, 2021.11.26.

37 _ 장선이, 〈[용인 교통] 경부고속도로 하행선 방향 통근, 통학 용인 동천역 환승정류장에서 갈아타세요~〉, 용인시블로그, 2019.2.15.

38 _ 유엔아동권리협약은 국제 사회가 이 세상 모든 아이들을 위해, 그 아이들의 인권을 보호, 증진, 실현하기 위해 만든 약속이다. 유엔아동권리협약은 우리나라도 비준한 국제법이며, 우리 헌법 제6조에서는 헌법에 의하여 체결 · 공포된 조약과 일반적으로 승인된

국제법규는 국내법과 동일한 효과를 지님을 명시하고 있다.

39 _ 조문희, 〈"공원 운동기구, 공공자전거…왜 어린이용은 없죠?" '어린이에게 불편한 세상' 찾아나선 '별의별탐험대'〉, 《경향신문》, 2019.10.30.

40 _ 초록우산어린이재단, 〈[별의별 차별이야기] 아이들의 눈높이에서 바라봐 주세요〉, 2019.11.19.

41 _ 정응호, 〈서초구 서리풀 원두막, 무더위 그늘막의 표준이 되다〉, 《시정일보》, 2019.8.23.

42 _ 구회상 외 4인, 《택티컬 어버니즘 입문자를 위한 실전 지침서》, 서울연구원, 2019, 22-26쪽.

43 _ 추민아, 〈프랑스 마르세유 도시재생 프로젝트 ① 시민들과 함께 만드는 도시풍경〉, 서울특별시 도시재생지원센터, 2021.7.5.

44 _ 〈[#유퀴즈온더블럭] 교통사고 감소시킨 효자 분홍색 파란색 유도선! 근데 인센티브는 없고 상금 10만원 받았다구요...? | #Diggle〉, tvN D ENT 유튜브, 2020.9.3.

45 _ 쌍용자동차 블로그, 〈신호등이 바닥에? 바닥 신호등!〉, 2021.10.27.

46 _ 김경민, 〈버스 줄서기 문화를 바꾸는 괄호의 힘〉, 내 손안에 서울, 2016.3.9.

47 _ 〈(버스정류장) 기호 하나가 만들어내는 유쾌한 법 질서 캠페인_ 괄호라인프로젝트〉, 공공소통연구소LOUD. 유튜브, 2015.3.28.

48 _ andersen, 〈"이민자를 이웃으로" 주민이 직접 꾸린 다문화 공원, 수페르킬렌〉, NAKED DENMARK, 2018.9.20.

49 _ 움직이는 스케이트 보드 위에서 한 발을 축으로 몸을 360도 회전하는 기술을 뜻한다.

50 _ 〈베스트블락 스케이트 파크〉, 《환경과조경》 2017년 9월호.

51 _ 원호연, 〈[골목길 교통안전 ②] 네덜란드 "골목길에서는 아이들이 뛰어놀 수 있어야"〉, 《헤럴드경제》, 2017.1.16.

52 _ KDI 경제정보센터, 〈보행자가 차량에 우선하는 "보행자우선도로" 본격 시행〉, 2022.7.11.

53 _ 송혜진, 〈다방에서 전시, 창고에서 파티, 공장에서 식사… 폐허의 재발견〉, 《조선일보》, 2013.4.12.

54 _ Paul Meurs et al., 《Reuse, Redevelop and Design: How the Dutch Deal With Heritage》, nai010 publishers, 2017., pp.16.

55 _ 아케이드(arcade)란 건축적으로 기둥이나 교각에 의해 지탱되는 아치(arch)가 연속적으로 이어짐으로써 만들어지는 복도와 같은 공간이다. 위키피디아 참조.

56 _ 최승표, 〈[내가 사랑한 호텔] 네덜란드 문화유산이 된 감옥호텔〉, 《중앙일보》, 2018.3.5.

57 _ Alyn Griffiths, 〈Museum De Fundatie by Bierman Henket architecten〉, 《dezeen》, 2013.10.26.

58 _ 홍익대학교 건축대학 이영수, 이현호, 장용순, 이경선, 김수란 교수.

59 _ 이주원, 〈[건축과 도시-KB락스타 청춘마루] 햇살 머금은 '노란 계단'…바쁜 일상 속 '노란 쉼표'가 되다〉, 《서울경제》, 2018.7.18.

60 _ 김민정, 〈[도시 브랜딩] 암스테르담 Amsterdam〉, 《월간디자인》, 2016.9.

61 _ 김연수, 〈진짜 도시 브랜딩을 잘하면 이렇게 한다.〉, 2017.3.17.

62 _ Carrie Whitney, 〈Bordeaux's Water Mirror Is Magical, Worth Visiting〉, HowStuffWorks.com., 2019.7.18.

63 _ 해자(垓字·垓子)란 동물이나 외부인, 특히 외적으로부터의 침입을 방어하기 위해

고대부터 근세에 이르기까지 성(城)의 주위를 파서 경계로 삼은 구덩이를 말한다. 방어의 효과를 더욱 높이기 위해 해자에 물을 채워 넣어 못으로 만든 경우가 많았다. 외호(外濠)라고 부르기도 한다. 위키백과 참조.

북저널리즘 인사이드   좋은 도시의 조건

지난해 10월 오세훈 서울시장이 서울 도심 녹지 구상안을 공개했다. 프랑스 파리에서 착안해 도심에 총 2000킬로미터의 녹지 공간을 구성한다는 계획이다. 용산 르네상스와 세운지구 개발에도 재시동을 걸었으며 최근엔 마포구 상암동에 대관람차 '서울링'을 조성하겠다고 밝혔다.

공공 공간을 활용한 도시 브랜딩은 지금만의 얘기가 아니다. 박원순 전 시장은 뉴욕의 하이 라인을 레퍼런스 삼아 서울로 공사를 추진했고 이명박 전 시장은 청계천과 자전거 도로를 만들었다. 인상을 만들고 일상을 바꾸는 디자인들이 많았으나, 때때로 지속하기 어려운 혹은 시민의 삶과 유리된 프로젝트들도 등장했다. 그 과정에서 도시와 시민 간의 거리는 벌어졌고, 공공 공간에 대한 진지한 관심은 쉽게 식었다.

이에 저자는 디자인의 역할에 질문을 던진다. 머물고 싶은 도시는 무엇이 다른가. 공공디자인의 가치는 기존에 제시된 랜드마크들의 상징성과는 사뭇 다르다. 심미적인 것, 탁월한 것 이전에 목적 의식을 찾는다. 사용자 입장에서 문제를 정의하고 최선의 과정과 결과물을 고민하는 것. 모든 디자인은 본질적으로 솔루션이기 때문이다.

공공디자인의 힘은 다음 일곱 가지 솔루션으로 드러난다. 제도 침술을 통해 기존 디자인을 수정·보완하고 ESG 침술을 통해 기업의 브랜드 액티비즘을 독려한다. 또 시민 침술과 배려 침술로 기능하며 당사자와 함께 당사자의 문제를 해결한다. 방지 침술로 도시의 문제를 미연에 방지하고, 재생 침술로 오래된 공간에 숨을 불어넣으며, 정서 침술로 시민이 도시를 사랑하도록 만든다. 아픈 곳에 뾰족하지만 세밀한 침을 맞고 낫는 것처럼, 도시는 공공디자인의 구체적인 침술들을 통해 더 나은 형태로 빚어진다.

나만을 위한 디자인, 혹은 확고한 취향을 찾아다니는 세대가 '공공'이란 단어가 들어간 정책이나 프로젝트에 관심을 가지기란 쉽지 않다. 디지털 전환이 가속화하고 모든 게 스크롤과 클릭으로 성사되는 시대에 오프라인 공간의 잠재력은 멀게 느껴질 수 있다. 그러나 우리는 여전히 땅에 발붙이고 살아가며 수많은 활동과 만남은 공유의 공간을 전제로 발생한다. 공공 공간의 디자인은 그 사회의 가치와 철학을 담고, 이는 우리 삶과 사고의 패턴으로 연결된다.

뿐만 아니라 디자인은 단순히 거대한 건축물, 화려한 조형물을 가시적인 형태로 구현하는 것에 한정되지 않는다. 새로운 변화를 이끌어 내기 위한 모든 실천을 고민하는 과정이기도 하다. 비가시적인 서비스나 프로젝트 등이 해당한다. 이때 도시에 필요한 것은 행정가의 엄밀함도 건축가의 미감도 아닌, 시민의 구체적이고 애정 어린 관심이다. 가장 큰 수혜자는 바로 시민 자신이기 때문이다.

디자인이 아트를 넘어 솔루션이 되는 시대에서, 멀어진 도시와의 간극을 좁히는 열쇠는 전문가가 아닌 우리에게 있다. 어떤 도시에 살고 싶은가. 내가 생각하는 좋은 도시의 조건은 무엇인가. 질문을 던지는 순간, 새로운 디자인의 시대가 열린다.

이다혜 에디터